Barbara Arzmüller

# Sensible Menschen

## Gute Wege zum Schützen und Stärken

ISBN 978-3-8434-1095-3

Barbara Arzmüller:
Sensible Menschen
Gute Wege
zum Schützen und Stärken
© 2013 Schirner Verlag, Darmstadt

Umschlag: Murat Karaçay, Schirner,
unter Verwendung von # 6005847
(Dmitry Remesov), www.fotolia.de
Redaktion: Claudia Simon, Schirner
Satz: Simone Leikauf, Schirner
Printed by: ren medien, Filderstadt,
Germany

www.schirner.com

1. Auflage Januar 2013

Alle Rechte der Verbreitung, auch durch Funk, Fernsehen und
sonstige Kommunikationsmittel, fotomechanische oder vertonte Wiedergabe
sowie des auszugsweisen Nachdrucks vorbehalten

# Inhalt

Hochsensibel und gespürstark –
ein Geschenk des Himmels ..................................... 6

Die drei Stufen ...................................................... 14

Hinweise richtig deuten ....................................... 20

Energiesauger, Energievampire, Energieräuber ......... 26

Hilfsbereit sein und Grenzen ziehen ...................... 34

Klare Absicht und neue Prägung ........................... 48

Die Kraft der Gedanken:
Rosa Wolke und dunkler Pfeil ............................... 56

Erdung – die Urkraft entdecken ........................... 72

Klassischer Auraschutz: Wächter und Symbole ......... 80

Geistiger Schutz: Lichtkreis und Schutzmantel ......... 94

Die Sprache des Körpers einsetzen ........................102

Kleine Rituale für ein bewusstes Leben ..................122

Problemlösung ganz praktisch ..............................132

Annehmen, was ist ...........................................136

Die Heilkraft des Alleinseins ................................142

Traumreisen zu den Inseln des Glücks ....................148

Das Geheimnis der Anfangsenergie ........................154

Die Kraft der Elemente nutzen ..............................160

Einen Sonnenplatz zu Hause schaffen ....................168

Glaubenssätze zur inneren Sicherheit ....................174

Neue Wege gehen ..............................................182

Schlussgedanken ..........................................  190

Quellennachweis ................................................196

Bildnachweis ....................................................196

Die Autorin ......................................................197

# Hochsensibel und gespürstark – ein Geschenk des Himmels

*H*aben Sie auch schon mal Ratschläge gehört wie: »Sei doch nicht so empfindlich!«, »Nimm nicht alles so schwer!« oder »Lass dir eine dickere Haut wachsen!«? Gut gemeint waren die Hinweise vermutlich schon, aber was nützen sie, wenn die Seele sich dennoch von jedem Nadelstich verletzt fühlt? Wenn sich jeder noch so sanfte Lufthauch anfühlt wie ein gewaltiger Sturm und jeder kleinste Druck wie eine tonnenschwere Last?

So überzogen die Reaktionen zuweilen sein mögen, es steckt dennoch eine ganz eigene Kraft dahinter. Bis man sich deren Qualitäten aber bewusst gemacht hat, vergeht meist eine geraume Zeit – eine Leidenszeit, die es in sich hat!

Die zunehmende Empfindsamkeit bringt für die Betroffenen einiges mit sich: Sie spüren viel. Sie reagieren sehr intensiv. Sie leiden unter Angriffen, die sie persönlich treffen, und auch unter solchen, die gegen ihre Mitmenschen gerichtet sind. Sie reagieren auf Strahlen, auf Wellen, auf Teilchen. Sie reagieren auf Giftstoffe. Sie entwickeln Unverträglichkeiten auf der körperlichen Ebene. Sie bauen seelische Widerstände auf.

Schwer zu definierende Krankheiten, schleichende Unpässlichkeiten und Allergien nehmen zu. Erhöhte Nervosität, Burnout und Depressionen sind an der Tagesordnung. Immer neue Krankheitsbilder entstehen, physische und psychische.

Der Grund: Die Welt wird als zu schnell empfunden, die Belastung als zu groß und zu heftig. Die Ruhepausen fehlen. Die Abgrenzung fehlt. Die Zeit, zu sich selbst zu kommen, fehlt. Der Raum für sich selbst fehlt.

Erst einmal empfindet wohl jeder feinfühlige Mensch seine Veranlagung als störend und nervig. Immerhin leidet er mehr als andere und stößt aufgrund seiner extrem dünnen Haut auch häufig auf Ablehnung statt auf Zuwendung.

*Dennoch ist ein starkes Spüren eine Qualität, eine besondere Fähigkeit!*

Um es klar zu sagen: Wer mehr spürt als andere ist keine Mimose und ist weder hysterisch noch wehleidig. Solche Menschen sind hochsensibel. Ihr feines Gespür zeichnet sie aus. Sie sind Kinder der Neuen Zeit – empfindsam und gespürstark.

Die Botschaft von weniger feinfühligen Menschen, man solle doch nicht alles so schwer nehmen und sich eine dickere Haut wachsen lassen, hilft ihnen wenig. Könnte das Leben denn wirklich so einfach sein? Immerhin sind die Belastungen und Angriffe ja nicht eingebildet. Unsere Zeit hält tatsächlich viele Herausforderungen für uns bereit.

Gerade wenn es nicht mehr um den täglichen Existenzkampf geht, wird es zur persönlichen Aufgabe, sich um das Seelenheil und die eigene Weiterentwicklung zu kümmern. Das ist durchaus nicht weniger schwierig und kann auch mit Leiden und Kummer verbunden sein. Und doch lohnt es sich, den Weg zu gehen.

Von allen Seiten nehmen die Belastungen zu. In den meisten Firmen wird zu viel Druck ausgeübt. Die Arbeitslosenzahlen sind hoch, die Bewerber stehen Schlange. Da darf man sich keinen Fehler erlauben, sonst sitzt man schnell auf der Straße.

Bei vielen Menschen, meistens bei Frauen, kommt die zusätzliche Aufgabe der Kindererziehung hinzu. So schön man es sich ausgemalt hat, Kinder zu haben, so stressig kann es werden, wenn man weiterhin arbeitet. Auch wenn man sich bewusst und gerne dafür entschieden hat, hat man doch häufig ein schlechtes Gewissen. Einfach weil über lange Zeit die Familie anders funktioniert hat und man nun einen anderen Weg geht. Dies kann der Auslöser für eine persönliche Krise oder einen Streit in der Familie sein. Immer häufiger zerbrechen Partnerschaften nach immer kürzerer Zeit. Auf niemanden scheint mehr Verlass zu sein.

Oder denken wir an die Existenzängste. Auch diese können stabile Gemüter zu Boden drücken. Geld ist knapp. Nicht nur die Staaten haben Schulden, auch viele Privatleute sind hoch verschuldet. Manche behaupten, daran würde man sich gewöhnen. Doch erst wenn sie spüren, wie frei es sich anfühlt, ohne diese Dauerbelastung zu leben, wissen sie, dass das nicht stimmt. Auch Schulden können auf Dauer krank machen.

Jeden Cent umdrehen zu müssen, sich jede Ausgabe zweimal zu überlegen und dann doch nicht zugreifen zu können, das hat nichts mit Genuss und Fülle zu tun. Und die Aussicht, dass es später eher noch schlimmer wird, lässt die Welt auch nicht rosiger erscheinen. Denn viele Menschen haben eine völlig unzureichende Altersvorsorge. Sie wissen also, dass sie später auf Unterstützung von Freunden, Verwandten oder vom Staat angewiesen sind. Aber ob da noch etwas zu holen sein wird? Und wer will schon anderen auf der Tasche liegen?

Wie man es auch dreht und wendet: In den meisten Leben gibt es zu viel Druck und viel zu viele »Baustellen«. Und die betroffenen Menschen fühlen sich damit alleingelassen. Es ist keiner da, der ihnen tragen hilft, und sich selbst halten sie für zu schwach. Doch sind sie das wirklich?

*Das ist wie bei der Geschichte, in der sich die Menschen beklagen, dass gerade sie ein allzu schweres Paket zu tragen hätten. Der liebe Gott hat ein Einsehen und erlaubt ihnen, ihr Päckchen abzulegen und mit anderen zu tauschen. Sie probieren dieses und testen jenes. Merken, dass auch das scheinbar leichte Paket schwer zu tragen ist, vielleicht, weil es sich spitzer anfühlt oder kälter ist. Oder weil der ursprüngliche Eigentümer über große Kraft verfügt hat, sodass es bei ihm leicht aussah. Lange dauert es, bis sich schließlich jeder entschieden hat. Wundert es da jemanden, dass sich jeder wieder sein eigenes Päckchen genommen hat? Es passte einfach am besten.*

Es nützt also nichts, nach anderen Leben zu schielen oder in der Vergangenheit nach brauchbaren Lösungen zu fahnden. Unsere Zeit trägt neue Anforderungen in sich. War es jahrtausendelang die Aufgabe, sich um existenzielle Grundlagen wie Nahrung und Obdach zu bemühen, so werden die Ziele nun immer mehr auf den spirituellen Bereich gelenkt. Dies wiederum war früher selbstverständlich. Die Anbindung an die geistige Welt war stark und unverrückbar. In früheren ländlichen Gemeinschaften war ein fester Rhythmus gegeben. Vom Frühjahr bis zum Herbst war eine erhöhte Aktivität gefragt. Die Zeit der Aussaat und Ernte war arbeitsintensiv, aber es war die Zeit, in der Helligkeit und Sonnenscheindauer ebenfalls am höchsten waren. Zur Ruhe kommen konnte der Organismus in der Dunkelheit des Winters. Es wurde viel geschlafen und hauptsächlich von den angesammelten Vorräten gelebt. Die Tätigkeiten waren gemächlicher Natur, wie etwa die Reparatur und Instandhaltung von Gerätschaften. Es war reichlich Zeit für Gespräche und Erzählungen. Der Einzelne war in eine Gemeinschaft eingebunden.

Heutzutage fühlen sich sehr viele Menschen als Single, als Einzelkämpfer. Beinahe jeder Tag läuft gleich ab. Das fehlende Tageslicht wird im Winter durch künstliches Licht ersetzt. Ein Alltag im Büro ist im Januar genauso prall gefüllt und anspruchsvoll wie im Juni. Die Ruhephasen haben sich auf einige Urlaubswochen reduziert, die aber häufig wieder vollgepackt werden mit Aktivitäten. Oftmals sind aufwendige Flugreisen damit verbunden, die den Körper durcheinanderbringen, oder stressige Anfahrten mit Staus und vielen Gefahren. Ausgefallene Events sollen Abwechslung in den immer gleichen Tagesablauf bringen. Zwar wird auch Wellness großgeschrieben, die Entspannung sollte aber an einem Wochenende stattfinden – wer mag oder kann sich schon noch die Zeit für ausgedehntes Nichtstun nehmen?

Nun lässt sich die Zeit nicht zurückdrehen. Das sollte auch gar nicht das Ziel sein, denn auch das Leben in früheren Zeiten hatte seine harten Seiten. Das Wetter bestimmte die Ernte. Die Abhängigkeit war entsprechend groß. Nicht selten mussten über lange Strecken Not, Hunger und Kälte ertragen werden. Die feste Gemeinschaft mit ihren Regeln war nicht nur tragend, sondern auch sehr bestimmend und ließ meist wenige Möglichkeiten für freie und kreative Entfaltung.

All diese Schwierigkeiten haben wir überwunden, und das ist immerhin eine Errungenschaft, auf die wir durchaus stolz sein dürfen. Es geht also wirklich nicht darum, einen früheren Zustand wiederherzustellen.

Doch mit fortschreitender Entwicklung scheint es, als wären wir wie Jungvögel, die etwas zu früh aus dem Nest gefallen sind, aufgeregt flatternd und nur schwer in der Lage, mit allen Anforderungen zurechtzukommen. Wir haben Angst vor dem Fliegen, meinen, es müsse uns jemand beibringen, dabei können wir es vermutlich schon. Wir können davon ausgehen, dass dieser Entwicklungssprung eben doch nicht zu früh kam. Wir sind durchaus in der Lage, alles zu meistern, was auf uns zukommt. Nur müssen wir viele unserer Fähigkeiten erst wiederentdecken und vor allem nutzen.

*Bevor wir uns aber nach vorne wenden, einer leuchtenden Zukunft zu, gilt es, mit der Vergangenheit ins Reine zu kommen.*

Werden Wunden nicht geheilt, überdauern sie die Zeit. Machen wir uns nichts vor: Wir alle haben einige dieser verkapselten großen und kleinen Dramen in uns abgespeichert. Dennoch sind einige Menschen noch mehr als andere dafür anfällig, sich Erlebnisse sehr zu Herzen zu nehmen. Ihnen fehlt offenbar der Schutz. Ihre Seele ist äußerst verwundbar. Schon kleinste Verletzungen können diese Menschen tief treffen: Sie sind empfindsamer geworden. Das gilt für sehr viele Menschen, die derzeit auf der Erde leben.

*Wir haben uns verändert, die Zeiten haben sich verändert,*

und das ist gut so. Wir sollten diesen Veränderungen zustimmen. Wir sollten mit tiefster innerer Überzeugung Ja sagen zu dem, was ist. Unwillkürlich ändert sich dann unsere Haltung – wir werden gelassener und standfester. Aus dieser Haltung heraus fällt es leichter, die Schwierigkeiten anzuschauen, die mit all dem Neuen entstanden sind. Schließlich lassen sich Lösungen dafür finden.

Tatsache ist, wir können uns nicht mehr alles zumuten. Wir können nicht mehr alles essen und trinken: Schädliche Bestandteile in Nahrungsmitteln stören unsere Verdauungsorgane. Wir können nicht mehr alles einatmen: Abgase, Tabakqualm, Staub, Tierhaare und Pollen belasten die Lungen. Wir können nicht mehr alles ertragen: Mobbing und Stress schwächen das Herz. Wir können nicht mehr alles lesen, sehen und hören: Medienberichte und Fernsehfilme über Gewalt und Elend führen unsere Gedanken in die Irre und machen das Gemüt traurig.

Aber: Wir brauchen uns auch nicht mehr alles zuzumuten. Was wir jetzt lernen müssen, ist, dass wir selbst entscheiden, was wir unserem Körper, unserem Geist und unserer Seele zumuten. Wenn wir uns doch diesen störenden Einflüssen aussetzen müssen, dann brauchen wir das alles nicht an unser Innerstes heranzulassen.

*Wir können und dürfen
uns schützen.*

Uns mit einem Mantel von Zuversicht zu umgeben ist ein guter Anfang.

# Die drei Stufen

*E*s gibt erfahrungsgemäß drei Stufen der Entwicklung. Auf der ersten Stufe konsumieren wir alles, was uns angeboten wird. Beinahe wahllos essen und trinken wir. Die Verlockungen der Werbung haben uns voll im Griff. Wir leisten uns ein schnittiges Auto und ein schlaues Mobiltelefon und halten uns deshalb für wichtig und wertvoll. Wir rauchen, trinken und muten dem Körper allerlei Gifte zu. Wir bewegen uns zu wenig, schlafen zur falschen Zeit und tun vieles, das uns abhängig macht und uns schadet. Wir tun das nicht bewusst, etwa weil wir uns zerstören wollten. Nein, wir glauben durchaus, alles richtig zu machen. Wir handeln so, weil wir es nicht besser wissen.

Die zweite Stufe beginnt damit, dass wir alles Mögliche nicht mehr vertragen. Unser Selbstwert ist brüchig, trotz (oder wegen?) der vielen Dinge, mit denen wir uns umgeben. Wir werden krank oder entwickeln Allergien. Die sensible Stufe ist erreicht. Aber nicht nur bestimmte Nahrung hat eine negative Wirkung auf uns, wir werden auch anfällig für Umweltgifte und für Strahlen. Lärm stört uns. Zu viel Stress zermürbt uns. Wir schlafen schlecht und suchen am Bett oder im Schlafraum die Ursachen dafür. Der Umgang mit anderen Menschen laugt uns aus, Menschenmassen empfinden wir gar als bedrohlich. Wir werden anfällig für Energieräuber.

Wir merken, dass unser Energiekörper durchlässig geworden ist, dass unsere Aura Lücken aufweist. Manchmal stürzen wir nun in eine Depression oder geraten in einen Burn-out.

Zwangsweise müssen wir anfangen, uns mit den Gegebenheiten auseinanderzusetzen. Wir teilen ein in gut und schlecht, in nützlich und schädlich, in hilfreich und zerstörerisch. Wir hinterfragen unseren Beruf und suchen nach unserer Berufung. Wir sortieren unsere Partnerschaft neu, streifen oberflächliche Beziehungen ab und streben nach Hingabe und wahrer Seelenverbindung. Wir setzen uns mit unserer Herkunft auseinander, mit Vater, Mutter und der Heimat. Wunden werden aufgebrochen, in alten Verletzungen wird herumgestochert.

*Wir sind nun auf dem Weg:*
*Wir streben nach Heilung, nach*
*Ganzheit, nach Vollkommenheit.*

Alles, was wir in dieser Phase tun, geschieht mit großer Überlegung. Wir beschäftigen uns mit Edelsteinen, mit Düften und Pflanzen. Wir erkunden die Welt der Engel und geistigen Helfer. Auch wählen wir nun sorgfältig unseren Schlafplatz aus. Wir schirmen das Haus ab. Wir sorgen für regelmäßige Phasen der Ruhe und nehmen uns Zeit für Meditation und innere Einkehr. Wir treiben Sport und lernen, tiefer zu atmen. Vielleicht steht ein Berufswechsel an, vielleicht eine neue Partnerschaft oder neue Freunde. Überdauern unsere Bindungen die vielen persönlichen Krisen, gehen sie auf jeden Fall gereift daraus hervor. Ein Beruf muss nun die Erfüllung bieten, eine Partnerschaft tiefe Liebe schenken, Freundschaften sollen Seelen verbinden. Einfach irgendetwas zu arbeiten oder mit irgendjemandem zusammenzuleben genügt nicht mehr.

Meist braucht es viele Jahre, diese sensible Stufe zu durchlaufen. Aber, dessen sollte man sich immer bewusst sein, auch diese Phase dauert nicht ewig. Eines Tages erreichen wir die dritte Stufe: Dann können wir leben, wie wir wollen. Wir sind unangreifbar. Die Umwelt kann uns keinen Schaden mehr zufügen. Das Außen hat keine Macht mehr über uns.

*Dann sind wir so sehr in uns ruhend und gefestigt, dass uns nichts mehr etwas anhaben kann.*

Wir können also wieder alles essen und trinken, überall schlafen, uns allem aussetzen und alles tun – aber wir werden es nicht mehr wollen. Abhängigkeiten aller Art, auch die von »guten« Dingen, haben wir überwunden. Wir sind unabhängig. Wir sind frei. Jetzt entscheiden wir selbst.

Diese dritte Stufe zu erreichen sollte das Ziel eines jeden sein, der sich auf den Weg macht. Abkürzungen gibt es nicht, wohl aber Hilfsmittel, mit denen die zweite Phase – die schwierige, labile Phase – leichter und erträglicher wird. Glauben Sie nicht, Sie müssten in dieser oftmals mit Krisen durchzogenen Zeit alles allein schaffen. Sie sind nicht alleine. Mit Ihnen sind unzählige weitere Menschen auf dem Weg zu wahrer Stabilität und innerem Frieden. Denn auch viele andere spüren, dass ihre Sensibilität und ihre Empfindsamkeit zunehmen.

Die Belastungen und Herausforderungen sind groß in dieser sensiblen Zeitspanne, die eigene Kraft jedoch schwindet häufig dahin. Daher gilt es, sich zu schützen. Nutzen Sie alle Hilfsmittel, die Himmel und Erde bereithalten, und Sie werden sehen, das sind eine ganze Menge. Wählen Sie unter Edelsteinen, Bachblüten, Farben oder Symbolschmuck, probieren Sie Düfte und Kräuter aus, üben Sie Gedankenkontrolle, und bauen Sie Yoga und Meditation in Ihren Tagesplan ein. Beschäftigen Sie sich mit der Kraft von Manifestationen, lernen Sie,

Ihr Herz zu öffnen, nehmen Sie Ihre Sinne wahr. Schließen Sie Frieden mit Ihrer Vergangenheit – über Familienstellen, Tanztherapie oder auf vielen anderen Wegen.

Wählen Sie für Ihren Schutz und Ihren Energieaufbau eine Methode aus, die Sie persönlich am meisten anspricht. Oder kombinieren Sie die Methoden, wenn es Ihnen gefällt. Was gut ist, muss nicht zwangsläufig aufwendig und teuer sein, es muss auch nicht besonders langwierig sein. Die Welt ist nämlich gar nicht so kompliziert, wie uns unser Verstand manchmal glauben machen will. Es gibt viele einfache Dinge, Rituale und Symbole, die unmittelbar wirken und helfen.

In erster Linie gilt: Die Methode sollte für Sie nachvollziehbar und verständlich sein. Wenn jemand einen guten Rat für eine Schutzmaßnahme bekommt, sich aber nicht annähernd vorstellen kann, wie so etwas denn wirken soll, oder es gar als Bedrohung empfindet, dann ist dieser gute Rat ziemlich wertlos. So gilt etwa im chinesischen Feng Shui die Schildkröte als Schutztier. Wer sich damit identifiziert, kann ohne Weiteres eine Schildkrötenfigur als Schutzsymbol neben der Eingangstür platzieren. Wem Echsen eher unheimlich sind oder für wen Schildkröten nur niedlich aussehen, sollte darauf verzichten. Die Wirkung wäre zweifelhaft.

*Unsere Gedanken und Gefühle sind immer stärker als das Symbol selbst, dessen müssen wir uns bewusst sein.*

Und gerade der Aufbau des eigenen Schutzes ist eine ganz persönliche Geschichte. Folgen Sie hierbei unbedingt Ihrem eigenen Gespür!

Es ist Ihre große Begabung, sensibel zu sein. Also spüren Sie auch, wenn Sie eine innere Abwehr empfinden, und Sie spüren, wo es Sie hinzieht. Achten Sie auf dieses Gefühl.

Die Bereitschaft der Menschen, an energetischen Schutz zu glauben, ist zwar höchst unterschiedlich, für sich selbst kann man aber gut erkennen, wo die Grenze liegt oder wo man anfängt, das Ganze für Zauberei, Humbug oder Scharlatanerie zu halten. Wer neugierig darauf ist, auch mal Methoden auszuprobieren, die außerhalb seines Vorstellungsvermögens liegen, sollte dies ruhig tun. Wem sich dabei allerdings die Haare sträuben, der sollte sich lieber nicht so weit vorwagen und besser nur die Methoden anwenden, die ihm geheuer sind. Sie wirken deshalb ja nicht weniger gut.

Vermeiden Sie Abhängigkeiten – von Menschen und von Dingen. Freuen Sie sich über Hilfsmittel, die sich Ihnen zum Schutz und zum Aufbau bieten, und nehmen Sie sie dankbar an. Bleiben Sie sich aber bewusst, dass es Hilfsmittel sind. Freuen Sie sich auch über Menschen, die Ihren Weg mit Tipps, Ratschlägen und Ideen begleiten. Bleiben Sie sich aber bewusst, dass andere Ihre Themen nicht lösen können. Sie können Ihnen aber eine Erkenntnis schenken.

Erlauben Sie sich, Ihren gesunden Menschenverstand einzusetzen. Erlauben Sie sich, Ihre eigenen Erfahrungen zu machen. Probieren Sie dieses aus, testen Sie jenes.

*Machen Sie sich auf Ihren persönlichen Weg. Damit wecken Sie Ihre Kreativität. Sie werden zum Schöpfer Ihrer Welt.*

Sie übernehmen Verantwortung. Und: Sie aktivieren Ihre eigenen Heilkräfte.

Lernen Sie dadurch die Welt neu kennen und schätzen. So wie Sie vielleicht bislang auf alles geachtet haben, was Ihnen schaden könnte, wenden Sie sich nun den förderlichen, aufbauenden Dingen zu. Stärken Sie Ihre Aura, erfreuen Sie Ihre Seele, stabilisieren Sie Ihren Geist und Ihren Körper. Umgeben Sie sich mit allem, was Ihnen guttut. Schenken Sie sich, gerade auch in Ihrer sensiblen Phase, ein gutes, glückliches Leben. Und verlieren Sie nie das Ziel aus den Augen, eines Tages auch ohne Hilfsmittel glücklich und stabil leben zu können. Irgendwann haben Sie diese Einstellung verinnerlicht: »Nichts kann mir schaden.« Bis dahin aber nutzen Sie alle Geschenke, die Ihnen Himmel und Erde anbieten.

# Hinweise richtig deuten

Während Ihrer Entwicklung hin zu mehr Sensibilität werden Ihnen verschiedene Dinge klar werden. Am wichtigsten ist die Erkenntnis: Sensibel zu sein ist keine Schwäche.

*Sensibel zu sein ist eine Stärke!*

Wenn Sie also feststellen, dass Sie zu der Sorte Mensch gehören, die tief empfinden und mehr als andere spüren, werten Sie es nicht ab, auf keinen Fall!

So viele Energien zu spüren und auch so unglaublich verletzlich zu sein, ist eine besondere Qualität. Das gilt, obwohl dann schon ein kleiner Schnitt so wehtun kann wie bei einem anderen eine tiefe Wunde. Sehen Sie es trotzdem als eine Gabe. Denn genau das ist es auch. Die Aufgabe, die damit einhergeht, ist, diese Sensibilität richtig einzusetzen. Dazu braucht es auch wirkungsvolle Methoden, wie man sich schützen und wehren kann, denn die natürliche Schutzhülle ist durchlässig und dünn geworden. Bis sich ein neuer, automatisch wirksamer und dauerhafter Selbstschutz aufgebaut hat, dauert es. Erst einmal müssen Sie selbst für sich sorgen. Sie müssen üben, sich zu schützen.

Viele Menschen, die ihre Feinfühligkeit gerade erst entdecken, nehmen unendlich viel wahr. Es kann viel Spaß machen, die Verbindungen zwischen den unterschiedlichen Ebenen des Seins zu erkennen. Es kann das Leben bereichern, zu sehen, wie sich ein und dieselbe Qualität ausdrückt. Es kann ein Aha-Erlebnis sein, Verbindungslinien zu finden.

Aber: Übertreiben Sie es nicht! Sie müssen nicht hinter jeder Begegnung einen tieferen Sinn vermuten und jedem noch so kleinen Ereignis eine tiefgründige Bedeutung verleihen. Lassen Sie einen Stein auch mal nur einen Stein sein, eine Zahl eine Zahl, und münzen Sie nicht jede Schlagzeile und jede im Vorübergehen aufgeschnappte Bemerkung auf sich.

Zwar können wir durchaus davon ausgehen, dass alles im Universum einem Plan folgt. Bleiben Sie trotzdem auf dem Boden der Tatsachen. Es ist nämlich völlig normal, dass man bei der Beschäftigung mit einem neuen Thema damit häufig konfrontiert wird. Es ist nur natürlich, dass man plötzlich entsprechende Anzeigen liest, einem Artikel oder Bücher darüber auffallen oder dass man im Gespräch mit anderen darauf kommt, dass die sich ja auch schon damit auseinandergesetzt haben – und schließlich zu der Überzeugung gelangt, die ganze Welt sei für unser neues Thema offen. Dabei hat man nur selbst die Tür zu einem neuen Bereich aufgestoßen, einem Bereich, der auch schon vorher genauso vielfältig und breit existiert hat. Dieser Erfahrungsbereich ist nur durch das eigene Erleben in den Blickpunkt der Aufmerksamkeit gerückt und zeigt eben nur den veränderten Fokus. Nicht mehr und nicht weniger.

*Die geistige Welt sendet uns allerdings auch Hinweise und Warnzeichen, die wir durchaus persönlich nehmen können und sollen. Nutzen Sie Ihre erhöhte Sensibilität, um diese Zeichen zu erkennen.*

Dafür haben Sie sie, das bringt Sie wirklich weiter.

Auch hierbei handelt es sich meist um Ereignisse, die scheinbar zufällig geschehen. Bei näherer Betrachtung aber lassen sich deutliche Bezugspunkte zur aktuellen Situation erkennen. Vielleicht sollen Sie dazu aufgerufen werden, das Tempo zu drosseln und ein wenig innezuhalten. Oder Sie sollen zum Nachdenken bewegt werden und vielleicht auch zu einer Richtungsänderung.

Ein Beinaheunfall kann solch ein Hinweis sein. Der Schock, die Ängste, die dabei ausgelöst werden, sollen dazu führen, dass wir über unser Leben nachdenken, dass wir Parallelen ziehen zwischen diesem äußeren Ereignis und den inneren Vorgängen. Es soll uns immer stärker auffallen, wo etwas hakt, wo etwas nicht mehr in Ordnung ist. Und das heißt es dann zu ändern.

Auch der Anflug einer Krankheit ist meist ein solches Zeichen. Stellen Sie sich vor, Sie verspüren leichte Kopfschmerzen. Sie wissen: Mit einem »dicken Kopf« kündigt sich in der Regel eine Erkältung an. Hier können Sie einhaken und gleich ein Salzbad nehmen, einen Wickel machen oder sich ein Mittel in der Apotheke holen. Reagieren Sie zu diesem Zeitpunkt nicht, bleibt es vielleicht nicht bei einer einfachen Erkältung, sondern es entwickelt sich eine ausgewachsene Bronchitis. Was glauben Sie: Haben Sie sich einfach nur angesteckt? Neigen Sie sowieso dazu, leicht krank zu werden, und schnappen Sie so gut wie jeden Grippevirus auf?

Dass eine Erkrankung jedoch nicht nur von Viren und Bakterien abhängt, haben Sie sicherlich schon verinnerlicht, wenn Sie sich mit den Zusammenhängen in der Natur auseinandergesetzt haben. Es muss also noch ein anderer Grund da sein, denn sonst würden bei einer Grippeepidemie ja alle Menschen einer Region krank werden, da die Viren überall sind. Es trifft aber immer nur ganz bestimmte Menschen. Meist lässt sich bei den Betroffenen eine Schwäche ausmachen, ein körperliches, seelisches oder geistiges Defizit, und fehlender Schutz erkennen. Dann nämlich ist man als Mensch angreifbar. Krank sein bedeutet, nicht heil zu sein. Etwas ist nicht in Ordnung.

Manchmal hilft es schon, sich die direkten Auswirkungen anzuschauen. Einfach ausgedrückt: Wer die Nase voll hat, neigt zu Schnupfen. Wer die Gedanken im Kopf nicht mehr auf die Reihe bekommt, reagiert mit Kopfschmerzen. Wer nur noch Angriffen ausgesetzt ist, hat vielleicht Ohrenschmerzen und will nichts mehr hören. Wer zu viel auf einmal erledigen will, wem nichts schnell genug gehen kann, könnte sich verletzen oder einen Unfall bauen. Kummer schlägt bei vielen Menschen buchstäblich auf den Magen. Gelenke stehen für Verbindungen mit anderen Menschen. Wer also Gelenkschmerzen hat, kann auch einmal in seinen Beziehungen die Ursache suchen. Wenn seelische Spannungen nicht gelöst werden, können sie erfahrungsgemäß Krankheiten auslösen.

Also: War der »dicke Kopf« wirklich das erste Zeichen Ihrer Erkältung? Haben Sie sich wirklich angesteckt? Oder ging vielleicht schon schlechte Laune voraus? Oder haben Sie sich in letzter Zeit schlecht ernährt, Ihren Körper aus Zeitmangel oder Desinteresse mit zu vielen Burgern und Fertiggerichten abgespeist oder den Hunger mit Kaffee und Zigaretten niedergehalten? Da brauchen Sie sich nicht zu wundern, wenn der Körper eines Tages schlappmacht. Wo soll denn Leistungsfähigkeit herkommen, wenn nicht von innen?

Wobei auch eine biologisch einwandfreie Ernährung nicht zwangsläufig glücklich macht. Wichtig sind der Genuss und die Freude, die man beim Essen empfindet. Ein mit Begeisterung verspeister Burger ist erwiesenermaßen bekömmlicher als ein Bioapfel, der mit Ärger und Groll gegessen wird. Schädlicher ist ein Burger, der mit schlechtem Gewissen verschlungen wird. Noch gesünder ist ein Bioapfel, der mit Lust verzehrt wird.

Die eigene Einstellung steht also an erster Stelle. Dann kommen die Inhaltsstoffe. Das gilt für sensible Menschen im Besonderen. Das Wissen darum, was mit der persönlichen Einstellung alles zu verändern ist, lässt auch die Angst verschwinden, sich etwas Falsches oder Ungesundes einzuverleiben. Doch bis es so weit ist, müssen wir an unserer Einstellung arbeiten.

Dafür sendet uns die geistige Welt immer wieder Hinweise, die uns daran erinnern, dass es noch etwas zu tun gibt. Das betrifft auch die Gedanken und Gefühle. Dunkle Gedanken und düstere Gefühle potenzieren den Kummer. Wer ständig Angst hat, krank zu werden, und sich als Opfer fühlt, zieht die Krankheit an wie ein Magnet. Auch andere Ängste wirken ungeheuer schwächend. Ärger, Neid, Hass und Eifersucht reißen riesige Löcher in die Aura, diese für die meisten Menschen unsichtbare Schutzhülle.

Das gilt aber auch, wenn wir einem anderen Menschen Kummer oder Leid zufügen. Damit nämlich »kränken« wir ihn, das heißt, wir machen ihn krank. Daran sollten wir denken, wenn wir doch einmal diese Art der »Luftverschmutzung« betreiben. Gehen wir dagegen so mit uns selbst um und hegen fast ausschließlich schädliche Gedanken und Gefühle, »kränken« wir uns laufend selbst. Wir werden angreifbar. Wir werden krank.

Gesund ist, wer mit sich und der Welt in Harmonie und Einklang lebt. Krank sein heißt: Körper und Seele wehren sich gegen Zuwiderbehandlung, wehren sich gegen falsche Ernährung und schlechte Gewohnheiten, gegen zu viel Arbeit, Stress und Belastungen, gegen negative Gedanken und dunkle Gefühle.

*Eine Krankheit zeigt uns immer eine Grenze auf, die erreicht wurde und nicht hätte überschritten werden sollen.*

Aber da kein Weg falsch ist, sondern nur anders, ist der Weg über eine Krankheit eben auch frei gewählt. So bekommt das eigene System eben doch noch die dringend notwendige Pause zur Erholung und zum Nachdenken.

Eine Krankheit will uns ja im Grunde nichts Böses. Eigentlich soll sie uns nur darauf aufmerksam machen, dass der Körper ein wertvolles, aber angreifbares Gut ist und dass er gepflegt sein möchte, wenn er lange halten soll. Reagieren wir nicht darauf, werden die Krankheiten im Laufe der Zeit heftiger. Dann mag eine kleine Pause nicht mehr ausreichen. Eine Ernährungsumstellung könnte notwendig werden, und vielleicht sind auch Strukturänderungen in Familie und Arbeit unerlässlich.

Was nicht heißen soll, dass alle Krankheiten geheilt oder gar vermieden werden können. Das wäre doch zu märchenhaft. Manche Zusammenhänge sind anders gelagert, es sind auch schicksalhafte Aufgaben mit Krankheiten verbunden, die sich nicht so leicht durchschauen lassen und manchmal auch nicht gelöst werden können.

Doch häufig sind die Wege über Krankheiten, um an die Wurzel der Probleme zu gelangen, einfach nur Umwege. Und davon könnten wir uns viele ersparen, wenn wir stärker auf die Signale unseres Körpers achten würden. Das wäre doch ein schöner Erfolg. Ihre Sensibilität ist genau hierfür die beste Voraussetzung – was schon allein Grund genug ist, sich darüber zu freuen, nicht wahr?

# Energiesauger, Energievampire, Energieräuber

Haben Sie schon einmal Bekanntschaft gemacht mit einem Energiesauger? Kennen Sie diese Menschen, die es verstehen, sich die Ausstrahlung anderer zunutze zu machen? Binnen kurzer Zeit lädt sich solch ein Energiesauger mit fremder Kraft auf. Das Heimtückische dabei ist: Es sind häufig eben nicht die aggressiven Menschen, die uns Energie abziehen. Meist wird die Kraft auf eine sehr subtile Weise angezapft. Doch es gibt auch eine gute Nachricht: Egal, mit welcher Methode sie vorgehen, auch Energiesaugern ist man nicht hilflos ausgeliefert, selbst wenn es zuweilen den Anschein hat. Wichtig ist erst einmal, sie zu erkennen. Der nächste Schritt ist, sich zu schützen.

Das Auffallendste an einem Treffen mit einem Energiesauger ist: Sie fühlen sich danach unendlich matt, müde und mutlos. Sie sind ausgelaugt, ohne etwas getan zu haben, und haben oftmals auch Ihre gute Laune verloren. Vielleicht sind Sie in der Zeit danach sogar so anfällig, dass Sie sich mit einer Krankheit anstecken, sich etwa eine Erkältung holen.

Da können Sie sich fast sicher sein: Jemand hat Ihnen alle Energie abgezogen, die Sie bereit waren zu geben – oder sogar noch mehr. Nichts Böses ahnend haben Sie alle Kanäle geöffnet und Ihr Gegenüber mit ganzer Kraft angestrahlt. Und das war offensichtlich zu viel.

Dieser Zustand dauert glücklicherweise nicht lange an. Denn im Grunde kann ein anderer Mensch mit Ihrer Energie nichts anfangen. Sie erfüllt ihn nur vorübergehend und macht ihn scheinbar größer. Mit der Zeit wirkt die Natur mit ihrem immerwährenden Ausgleich: Was Ihnen fehlt, kehrt zu Ihnen zurück, der andere muss sich ein neues Opfer suchen. Dennoch haben Sie selbst eine Leidenszeit hinter sich. Auch wenn es sich nur um einige Tage oder nur um Stunden handelt, in denen Sie sich niedergeschlagen fühlen und schwach – das wäre nicht nötig, wenn Sie die Bedrohung erkennen und sich rechtzeitig schützen würden.

Dem anderen übrigens, dem Energiesauger, geht es auch nicht wirklich gut. Er hat immer nur den kurzen Kick, diese fremde Energie, die ihn auf ein höheres Niveau zieht. Ständig begleitet ihn die Angst, wieder ohne alles dazustehen. Stärker würde der kraftvolle Energiestrom aus seiner eigenen Energiequelle wirken. Dieser würde ihn von Grund auf stark und zufrieden machen.

Viele denken, die »Wilden«, also die aggressiv fordernden Menschen, seien die typischen Energievampire. Das ist leider nicht so, denn gerade die wären leicht auszumachen. Oftmals ist es so, dass die Leute, die ihren Unmut ungebremst herauslassen, die Ehrlichen sind. Ihre Reaktion mag nicht schön sein, zeugt auch nicht gerade von einem beherrschten Charakter, aber man kann sich immerhin darauf verlassen, dass so einer eben nur das ausdrückt, was er will.

Ein Energiesauger kann ein Choleriker sein. Aber es ist einfach, ihn zu erkennen und mit ihm umzugehen. Hat er einen Wutausbruch, zieht er damit Leute an, die ihn umschwirren und ihn mit Worten und Gesten streicheln, bis er wieder ruhiger geworden ist. Dadurch geben sie ihm Energie. Er fordert die Energie also sichtbar und hörbar ein.

Beim nächsten Ausbruch kann man sich dafür entscheiden, ihm nur eine kleine Portion Zuwendung zu schenken oder ihn sogar einmal komplett sich selbst zu überlassen.

Auf eine andere Art gefährlich sind die »Leidenden«. Das sind die Energiesauger, die ständig jammern, denen es so gut wie immer schlecht geht. Nichts klappt bei ihnen richtig. Nun ja, zumindest scheint es so. Sie finden immer Gründe, über etwas zu klagen, und das tun sie reichlich. Meist steckt nicht einmal Absicht dahinter, sie finden an ihrem Leben wirklich alles zum Davonlaufen.

Was sie damit erreichen, ist, dass sie den guten Kern in anderen anrühren. Man will diesen Menschen helfen, denen es offenbar so schlecht geht, und gibt ihnen Energie. Damit ist man ihnen auf den Leim gegangen. Wirklich helfen würde den »Leidenden« eine veränderte Sichtweise.

Auch nicht leicht zu durchschauen sind die sanften Energiesauger. Das sind die, die so richtig nett daherkommen, weder wüten noch jammern und einem dennoch Kraft abziehen.

Die »Sanften« sind häufig im eigenen Bekannten- oder Kollegenkreis zu finden. Es handelt sich in der Regel um Menschen, die man gut leiden kann und mit denen man sich, zumindest scheinbar, gut versteht. Denken Sie an die Menschen, die Sie mögen, mit denen Sie sich angeregt unterhalten können. Das Nettsein verleitet Sie dazu, aufzumachen und alles zu geben. Sind Sie jetzt nicht auf einen wirklich guten Freund getroffen, sondern auf einen Energieräuber, findet kein Austausch statt, sondern ein Absaugen.

Schlimm ist es, wenn durch das ständige Energiegeben Abhängigkeiten entstehen. Noch eine Spur gefährlicher wird es, wenn das Energiesaugen absichtlich durchgeführt wird – was die »Schlauen« unter den Energieräubern allzu gerne versuchen. Immer ausgefeilter werden dann die Methoden. Diese Leute wissen sehr genau, wie sie vorgehen müssen, um an das »Eingemachte« ihrer Mitmenschen heranzukommen.

Sie geben sich selbstlos, edel und gönnerhaft, hören zu und finden aufmunternde Worte.

Manch einer hat sich mit fremder Energie schließlich so »aufgeblasen«, dass er sich groß wähnt und unendlich schlau. Ein fataler Irrtum, denn im Grunde seines Herzens tut er sich keinen Gefallen. Die Unzufriedenheit nagt in ihm. Sein Unterbewusstsein spürt sehr genau, dass ihm etwas Entscheidendes fehlt. Es weiß, dass da Macht, Kontrollzwang und Abhängigkeiten im Spiel sind – und keine Liebe.

Sollten Sie sich angesprochen fühlen und feststellen, dass auch Sie gelegentlich oder des Öfteren auf der Seite der »Täter« stehen, dann ist das kein Grund, in Panik zu verfallen. Es ist schließlich immer gut, Eigenarten bei sich zu erkennen, denn nur so lässt sich auch etwas ändern. Immerhin wissen Sie jetzt, warum Sie trotz Ihrer ausgefeilten »Methoden« nie von Grund auf zufrieden sind. Sie wissen, dass die Energie anderer Menschen Ihnen gar nichts nützt, dass ein höheres Energieniveau damit nur vorgetäuscht wird, um Sie dann umso tiefer stürzen zu lassen. Es ist ein bisschen wie bei Drogenabhängigen. Die meinen auch, mit ihrem »Stoff« glücklich zu werden. Wenn sie aus ihrem Rausch erwachen, sind sie unglücklicher als zuvor, leer, ausgebrannt und gierig nach mehr. Doch das wahre Glück werden sie so nicht finden.

Mit fremder Energie ist es dasselbe.

*Solange jemand Lebenskraft bei anderen Menschen sucht, kann er den Zugang zu seiner eigenen Quelle nicht finden.*

Er weiß also gar nicht, wie es sich anfühlt, erfüllt und glücklich zu sein, denn nur die eigene Energie macht auf Dauer stark und gesund.

Wenn Sie sich eher den »Opfern« zugehörig fühlen, gehen Sie Ihre Bekannten, Kollegen und Freunde im Geiste durch. Was meinen Sie, befinden sich auch Energiesauger unter ihnen? Achten Sie darauf, wie Sie sich nach einer Begegnung mit diesen Menschen fühlen. Geht es Ihnen gut, ist alles in Ordnung. Fühlen Sie sich schlecht und zwar nach beinahe jedem Treffen, könnten Sie einen Energiesauger unter Ihren Lieben haben.

Verurteilen Sie diesen jetzt bitte nicht, denn zu jedem Umgang miteinander gehören zwei. Einer fängt etwas an, der andere fasst es auf. Er versucht es, Sie lassen es zu. Keiner von beiden hat mehr oder weniger Schuld. Registrieren Sie lediglich die Tatsache, dass es so ist. Wie Sie inzwischen wissen, geht es ja dem Energieräuber selbst auch nicht gut mit seiner Art. Doch um ihn müssen Sie sich nicht kümmern. Es reicht, wenn Sie Ihr Verhalten ändern, dann muss er seines zwangsläufig ändern. Er wird etwas Wertvolles dazulernen und seine eigene Quelle suchen. Oder, wenn er noch nicht so weit ist, wird er sich aus Ihrem Umfeld zurückziehen und mit seinem Verhalten andere Menschen auf dieses Thema aufmerksam machen.

Energiesauger, Energieräuber, Energievampire erkennen Sie also daran, dass Sie sich nach der Begegnung mit ihnen geschwächt fühlen. Körperlich wurde Ihre Kraft angezapft, wenn Sie sich erschöpft und müde fühlen. Psychische Energie wurde Ihnen abgesaugt, wenn Sie sich traurig und mutlos fühlen oder ärgerlich und ängstlich. Geistige Energie haben Sie verloren, wenn Sie sich ideenlos fühlen und andere genau das aussprechen, was Sie doch hätten sagen wollen.

Der Schaden, den Energiesauger anrichten können, ist groß. Sie können krank machen. Sie können die Seele, den Geist, den Körper schädigen. Doch man ist ihnen nicht hilflos ausgeliefert. Sie zu erkennen lässt sich trainieren. Und sich vor ihnen zu schützen sollte zur täglichen Pflichtübung werden. Dabei ist es wichtig, nicht in eine Art Hexenjagd zu verfallen und üble Feindbilder aufzubauen. Denn die meisten unter den Energiesaugern meinen es nicht böse und leiden mindestens genauso wie ihre Opfer. Auch würden sie liebend gern aus ihrer selbst gestellten Falle herauskommen, nur wissen sie nicht, wie. Wenn aber alle Opfer anfangen und aus ihrer Rolle aussteigen, müssen die Energiesauger auch neu reagieren. Auf weite Sicht hin ist damit allen geholfen – den Opfern und den Tätern.

Wenn Sie einen Energiesauger unter Ihren Bekannten, Nachbarn oder Kollegen ausfindig gemacht haben und Sie begegnen ihm das nächste Mal, dann bereiten Sie sich gut vor. Vergessen Sie dabei nie, dass der Energiesauger in aller Regel kein böser Mensch ist, sondern dass er lediglich noch nicht weiß, dass er eine eigene Quelle besitzt. Wäre ihm dies bewusst, würde er ganz sicher nicht die Energie anderer Menschen haben wollen. Denn die eigene Quelle setzt einen viel kraftvolleren Energiefluss in Gang, der sich von fremden Energien grundsätzlich unterscheidet. Diese Fremdenergie hält noch dazu nicht lange an, während die eigene Quelle unablässig zur Verfügung steht. Aber entdecken muss man sie.

Als hochsensibler Mensch könnten Sie gar dazu neigen, Ihre komplette Umgebung als energiesaugend einzustufen. Das liegt meist aber daran, dass Sie selbst viel zu offen sind und Ihre eigenen Grenzen nicht wahren. Es ist eben doch kein Zufall, welche Menschen aufeinandertreffen. Jeder darf und soll vom anderen lernen. Was Ihr Gegenüber lernen kann, ist, dass er seine eigene Quelle finden muss. Was Sie lernen können, ist, sich zu schützen. Eine stabile energetische Grenze zu ziehen ist eine gute Methode. Doch es gibt noch viele weitere gut wirksame Maßnahmen, um die eigene Energie zu behalten – ob Erdung oder Auraschutz mit Edelsteinen, ob Körperhaltung oder Änderung der Glaubenssätze.

# Hilfsbereit sein und Grenzen ziehen

*Sensibel sein heißt offen sein –*
*zumindest solange der Schutz fehlt.*

Die meisten gespürstarken Menschen gehen mit ausgebreiteten Armen auf andere zu, nehmen alles auf. Sie wissen intuitiv, wie es anderen geht, und erspüren ihre Wünsche. Das kann wunderschön sein – aber nur solange sie dabei ihre Grenzen wahren. Das jedoch ist ihnen erst einmal fremd. Oft ist ihnen der Gedanke sogar unangenehm, zwischen sich und anderen eine Grenze zu ziehen. Sie gehen in der Einheit auf und möchten diese gar nicht auflösen.

Mit der Zeit aber merken sie, dass sie an Kraft verlieren, selbst schwächer werden und dann auch für andere keine Hilfe mehr sind. Sie brauchen einen stabilen und verlässlichen Schutz. Diesen Schutz aufzubauen müssen sie anfangs bewusst trainieren. Das ist wichtig – für sie und für die anderen. Denn die meinen es ja nicht böse, wenn sie die Grenzen der sensiblen Menschen überschreiten und ihre Energie anzapfen. Das passiert eben so – vielleicht weil die Energiefelder immer dorthin wabern, wo eine Lücke ist. Das geschieht ganz automatisch, so wie auch das Wasser in jeden Zwischenraum einsickert.

Ihr ausgeprägtes Einfühlungsvermögen ist fast immer der Grund, dass sensible Menschen so gerne anderen helfen wollen. Hilfsbereitschaft ist schön und gut, aus welchen Gründen auch immer. Aber: Wenn Sie schon helfen, dann richtig. Verwechseln Sie Hilfsbereitschaft und Mitgefühl nicht mit Mitleid, das letztlich niemandem nützt.

Der Unterschied lässt sich wunderbar an einer Geschichte ersehen:

*Ein Wanderer kommt an einer Grube vorbei. Unten sitzen einige Menschen, die klagen und jammern, dass sie nicht mehr herauskönnen. Voller Mitleid stürzt sich der Wanderer nun ebenfalls in die Grube, damit die Menschen dort unten in ihrem Leid nicht so allein sind, und klagt mit ihnen.*

Ist jemandem geholfen? Hat sich sein Opfer gelohnt? Nein. Was diesen Wanderer getrieben hat, war falsch verstandene Nächstenliebe, vergebliches Mitleiden.

*Ein anderer Wanderer kommt des Weges. Er sieht ebenfalls die Weinenden, spricht einige beruhigende Worte zu ihnen – und zieht weiter. Nach kurzer Zeit aber kehrt er zurück und bringt eine Leiter mit, die er aus dem nächsten Dorf geholt hat. Er stellt sie in die Grube und alle können wohlbehalten herausklettern.*

Dieser Wanderer hatte nie die Absicht, selbst in einer Grube zu sitzen. Und doch zeigte er echtes Mitgefühl und bewies echte Nächstenliebe.

Es nützt nichts, selbst blind zu werden, wenn man Blinden helfen möchte. Es nützt nichts, selbst krank zu werden, wenn man Kranken helfen möchte. Es nützt nichts, selbst arm zu werden, wenn man Armen helfen möchte. Zwar ist es richtig, dass man Blinde, Kranke und Arme besser versteht, wenn man selbst blind, krank oder arm ist. Aber geholfen ist ihnen

35

damit nicht. Wenn Sie solch eine Erfahrung machen und Ihr Verständnis auf diesem Weg erweitern wollen, dann tun Sie es – aber nur aus diesem Grund und nicht aus falsch verstandener Hilfsbereitschaft heraus. Um echte Hilfeleistung zu geben, bauen Sie Ihre Stärke auf, fördern Sie Ihre innere Klarheit, und stabilisieren Sie sich.

Für einen ganz normalen Alltag ist es dazu wichtig, zwischen »helfen« und »sich ausnutzen lassen« unterscheiden zu lernen. Vielleicht sind Ihnen Unterhaltungen dieser Art vertraut: »Kannst du mir helfen?« – »Ja, klar!« Schnell und ohne zu überlegen sagen Sie zu, weil Sie den anderen einfach mögen und ihm gerne einen Gefallen tun möchten oder auch, weil Sie nicht Nein sagen können. Andere fragen Sie vermutlich gerne. Es ist schließlich gar nicht so leicht, jemanden um einen Gefallen zu bitten. Wie schön, wenn man dann einen Menschen gefunden hat, der so gut wie nie Nein sagt, sondern immer freundlich und wie es scheint mit Begeisterung zur Stelle ist. Ob es sich um Überstunden handelt, die für einen Kollegen zu übernehmen sind, um die Renovierung der Wohnung, um die Vorbereitung für eine Party oder nur um eine Besorgung – manche Menschen haben offensichtlich immer Zeit. Das Neinsagen müssen sie regelrecht lernen. Sonst geraten sie immer wieder unter Druck. So gerne tun sie anderen einen Gefallen, doch auch ihr Tag hat nur 24 Stunden. Dabei sind die meisten Terminkalender sowieso schon überfüllt.

»Eigentlich wäre ich das Wochenende gerne für mich geblieben. Jetzt muss ich auf diese Feier, vorher noch die Oma besuchen, am Sonntag die Nachbarn einladen.« Eigentlich doch alles schöne Vorhaben. Doch wenn sich auch in der sowieso bereits knappen Freizeit die Termine die Klinke in die Hand geben, dann stimmt etwas Grundlegendes nicht mehr.

Anderen einen Gefallen zu tun macht Freude und stärkt den Gemeinschaftsgeist. Aber nicht immer herrscht danach Friede, Freude, Eierkuchen. Oftmals fühlt man sich nach seiner selbstlosen Hilfeleistung ausgenutzt. Ein schales Gefühl schleicht sich ein, das dem gut gemeinten Hilfsdienst seine Würde nimmt.

Woher kommt es, dass es manchmal eben nicht bei diesem beschwingten Anfangsgefühl bleibt? Hilfsbereit zu sein ist doch etwas Gutes, oder? »Der ist ein feiner Mensch«, sagen dann die anderen, »der hilft, wo immer jemand gebraucht wird.« Das Bedürfnis nach Anerkennung, die Sehnsucht, geliebt zu werden, schwingen immer ein bisschen mit.

Das zeigt doch, dass man gute Freunde hat und selbst ein verlässlicher Freund ist. Zeigt es das wirklich? Denn nach der Zusage tauchen nicht selten bohrende Zweifel auf: »Habe ich mir zu viel zugemutet? Habe ich zu viel versprochen? Mag mich der andere wirklich, oder ruft er nur an, wenn er mich braucht? Ist er nur zu bequem? Werde ich ausgenutzt? Wollte ich nicht eigentlich meine Zeit ganz anders verbringen?« Eine Stimme aus dem Inneren nagt und fragt und lässt sich schwer zum Schweigen bringen. Hören Sie darauf, denn die Stimme hat recht!

*Jeder Mensch braucht Zeit für sich alleine. Zeit, in der er guten Gewissens nichts tut, wirklich rein gar nichts.*

Oder eben Dinge, die nicht auslaugen, die nichts mit Verpflichtungen zu tun haben. Nur das, was der Seele wirklich Freude macht. Wie ein Bad nehmen. In den Wald gehen. Musik hören. Ein Buch lesen. Einen Film anschauen. Etwas basteln. Ein Bild malen. Rätsel lösen. Sonnenbaden. Mit Kindern herumtollen. Zeit zum Spielen eben, unverplante Zeit für sich.

Um diese Zeit zur Verfügung zu haben, ist es Voraussetzung, Verabredungen auch einmal abzusagen. Denn keiner muss auf jeder Feier dabei sein. Niemand muss an jedem nur möglichen Event teilnehmen. Das heißt im Klartext: Man muss Nein sagen lernen. Eine echte Kunst!

Die meisten Menschen machen sich Sorgen, dass sie abgelehnt werden könnten, wenn sie Nein sagen. Noch mehr sind die sensiblen Wesen dafür anfällig, weil sie wissen, wie sehr ein Nein kränken kann. So denken sie, die anderen könnten ihnen die Absage übel nehmen. Die Freunde könnten sich auf und davon machen, wenn sie nicht ständig mitziehen.

Haben sie jedoch einen beruflichen Termin, sagen sie ganz selbstverständlich und selbstbewusst: »Ich kann nicht, ich muss arbeiten«, »Ich muss auf eine Messe« oder »Ich habe abends ein Meeting«. Das ist gesellschaftlich anerkannt, dazu können sie stehen. Oder sie werden ganz einfach krank – nicht absichtlich, versteht sich, rein aus Überlastung. Wer krank ist, kann leichter Nein sagen. Er braucht dann kein schlechtes Gewissen zu haben, die anderen hängen zu lassen. Außerdem kann ihn dann keiner als Drückeberger oder Faulenzer bezeichnen. Es kann doch jeder sehen, wie er leidet. Auch könnte man einen Unfall haben, oft ebenfalls verursacht durch Hektik und Überlastung. Dahinter aber steht meist das Bedürfnis nach Ruhe. »Seht ihr jetzt endlich meine Not?«, scheint man den anderen zuzurufen. So weit muss es aber nicht kommen.

Versuchen Sie doch einmal, ob sich die nächste Erkältung ganz vermeiden lässt, wenn Sie schon an dem Punkt der Überlastung ansetzen und sich eine Pause gönnen. Sagen

Sie nicht, die Arbeit müsse ja schließlich getan werden und Sie seien unersetzlich. Vergegenwärtigen Sie sich, dass es schließlich auch weitergehen wird, wenn Sie wegen einer Krankheit ausfallen. Warum nicht gleich auf dem sanften Weg?

Geben Sie zu, dass Sie allein sein wollen. Suchen Sie Ihr Heil nicht länger in einer Notlüge. Dass Ausreden nicht besonders gut funktionieren, findet jeder bald heraus, der es probiert. Man muss so sehr aufpassen, dass man sich nicht verquasselt. Für jede kleinste Nachfrage braucht man eine neue Ausrede. Das stresst doch schon wieder. Auch spüren die Seelen der anderen es in der Regel, ob etwas wahr ist oder falsch, und reagieren entsprechend verständnisvoll oder gereizt. Bei der Wahrheit zu bleiben ist immer die bessere Wahl.

Mühen Sie sich also nicht mit den Aufgaben anderer Leute ab, aus Angst, sonst nicht mehr geliebt zu werden. Die anderen sind auch nur Menschen und haben für eine ehrliche Ansage in der Regel viel Verständnis, nicht aber für Ausreden. Nehmen Sie sich selbst ernst, dann tun es die anderen auch.

*Machen Sie sich außerdem bewusst: Ihre Energie, das ist Ihr Honigtopf.*

Bewachen Sie ihn in Zukunft wie ein eifersüchtiger und hungriger Bär. Das dürfen Sie! Und dazu gehört, auch einmal Nein zu sagen. Natürlich ist es nicht leicht, vor allem nicht für sensible, mitfühlende Menschen, jemandem eine Bitte abzuschlagen, ein enttäuschtes Gesicht zu sehen und vielleicht noch Anklagen zu hören und sich verteidigen zu müssen.

Sensible Menschen haben feine Ahnungen. Sie haben ein starkes Gespür für die Bedürfnisse anderer und eine unmittelbare Bereitschaft zum Helfen. Sie sind ihrer Natur nach weich und nachgiebig. Am liebsten wäre es ihnen, es würde allen Menschen gut gehen. Die rosa Brille scheint für sie gemacht zu sein.

Darin liegt aber auch eine Gefahr: Diese rosarote Brille kann ihnen eine Menge vortäuschen und lässt sie in die Irre gehen. Sie legt eine Art Schleier zwischen sie selbst und ihre Mitmenschen. Eine klare Sicht ist oftmals nicht möglich. Vermutungen und Unterstellungen vermischen sich mit der Wahrheit und verdrängen die Gewissheit. Mit vielen ihrer Ahnungen liegen sie genau richtig, aber einige sind förmlich an den Haaren herbeigezogen. Gerade das macht die Unterscheidung so schwer, auch bei diesem Thema: Handelt es sich nun um Hilfsbereitschaft oder Egoismus?

Menschen, die sehr vertrauensvoll und einfühlsam sind, werden wohl lieber ein bisschen zu viel helfen als zu wenig. In den Ruf eines Egoisten zu geraten wäre für sie schrecklich. Sie sind unglaublich nett und immer zur Stelle. Sie legen Wert auf das Wir-Gefühl und können in einer Gemeinschaft regelrecht aufgehen. Oder zeigt das nur, dass sie ein Helfersyndrom haben?

Andere finden gerade das Nettsein fürchterlich. Sie wiederum profilieren sich, indem sie sich als besonders unzuverlässig hervortun. Mal sind sie voller Hingabe, mal weisen sie andere brüsk zurück. Mal sind sie da, mal suchen sie das Weite, wenn sie gebraucht würden. Verlass ist auf sie nicht. Einige von dieser Sorte nennen sich »Individualisten« und pflegen ihren Egotrip. Zumindest sieht es nach außen hin so aus. Vielleicht aber haben sie nur Angst? Oder haben sie einfach zu viele schlechte Erfahrungen gemacht?

Wir sollten uns hüten, nach dem äußeren Schein zu urteilen. Wir sollten überhaupt aufhören zu urteilen. Was wissen wir schon über die Entwicklungsphase eines anderen? Das heißt nicht, dass wir es ihm nicht sagen dürfen, wenn uns etwas nicht gefällt. Es heißt auch nicht, dass wir alles hinnehmen müssen und alles mit uns machen lassen sollen.

Diese »Gewohnheiten« sollten wir mit dem Aufbau unseres Selbstschutzes und unseres Selbstwertes hinter uns gelassen haben. Unsere Sensibilität aber bleibt uns erhalten. Und diese Sensibilität fordert uns dazu auf, wahrzunehmen, was ist, es aber nicht zu bewerten.

Nicht jeder, der anderen hilft, hat ein Helfersyndrom. Nicht jeder, der eine Hilfeleistung ablehnt, ist auf dem Egotrip. Und nicht jeder, der eine Bitte um Hilfe äußert, ist dadurch ein Ausnutzer.

Das Neinsagen ist also wichtig. Es ist auch dann wichtig, wenn Ihnen die Zweifel erst im Nachhinein kommen, nachdem Sie bereits zugesagt haben. Vielleicht hatte Sie die Frage überrumpelt, und Sie haben zugestimmt, ohne zu überlegen, dass Sie doch eigentlich etwas ganz anderes vorhatten. Oder dass Sie das, was Sie nun machen sollen, im Grunde gar nicht mögen.

Aber jetzt haben Sie schon mal zugesagt, jetzt müssen Sie auch durch, glauben Sie. Schließlich heißt es doch: »Wer A sagt, muss auch B sagen«. Muss er das wirklich? Muss er gar nicht. Jeder hat das Recht, einen Irrtum einzusehen und seine Meinung zu ändern, auch im Nachhinein. Das ist sogar sehr klug. Sprechen Sie nochmals mit dem betreffenden Menschen, und sagen Sie ihm, dass Sie sich geirrt haben, dass Sie nicht kommen können. Vielleicht fällt Ihnen auch eine schöne Alternative ein, ein guter Ausweg, der Sie aus der Zusage befreit und der den anderen doch nicht im Regen stehen lässt.

Unterdrücken Sie dagegen Ihre Gefühle, könnte es Ihnen passieren, dass sich diese auf andere Weise einen Weg suchen. Ihre heimliche Wut oder Ihren angestauten Frust könnten Sie z.B. bei der Anfahrt zu dem ungeliebten Termin in Form eines Auffahrunfalls loswerden. Oder Sie ziehen sich bei der gewährten Hilfeleistung eine Verletzung zu.

Wenn es kein Entrinnen gibt, dann tun Sie eines:

*Gehen Sie nicht zähneknirschend*
*zu der ungeliebten Verabredung,*
*sondern entscheiden Sie sich,*
*es gerne zu tun.*

Damit schlagen Sie sämtliche dunklen Wolken in die Flucht. Geben Sie sich für das nächste Mal die Aufgabe, spontan eine Ablehnung zu formulieren oder zumindest eine Bedenkzeit zu erwirken.

Gestehen Sie sich generell zu, dass Sie Zeit für sich brauchen. Muten Sie es auch anderen zu. Das kann in manchen Lebensphasen sehr viel Zeit sein, in anderen sehr wenig. Dafür gibt es keine Regeln, jeder muss das für sich selbst spüren. Sie brauchen nicht immer nur um sich selbst zu kreisen, sich selbst zu wichtig zu nehmen. Die Gefahr ist für Sie als sensibler Mensch sowieso eher gering. Sie neigen vermutlich eher dazu, zu sehr um die anderen bemüht zu sein als um sich selbst. Immerhin fangen Sie jede Schwingungsänderung präzise auf und reagieren fast auf Knopfdruck darauf. So als wären Sie dafür verantwortlich, dass es allen immer gut geht. Das ist nicht der Fall. Jeder erwachsene Mensch ist für sich selbst verantwortlich, für seine eigenen Taten, Worte und Gedanken.

Und jede Tat hat ihre Folgen, im positiven wie im negativen Sinn. Jede Tat, jedes Wort und jeder Gedanke setzt eine Ursache und zieht eine Wirkung nach sich. Diese Wirkung aber kann ganz anders aussehen, als wir es erwarten.

Jedes Tun beinhaltet also in irgendeiner Art eine Verpflichtung. Wenn Sie jetzt anderen helfen, wird auch Ihnen eines Tages geholfen werden. Allerdings geht das Schicksal hierbei seine eigenen Wege. Wenn Sie einem Freund beim Umzug helfen, dürfen Sie nicht davon ausgehen, dass er seine Schuld bei Ihnen einlöst und Ihnen nächstes Jahr bei Ihrem Umzug hilft. Aber Sie werden Hilfe bekommen, wenn Sie welche brauchen – darauf dürfen Sie bauen.

Die Welt ist gerecht, und Sie können darauf vertrauen, dass Leistung und Gegenleistung den Ausgleich finden. Schwer machen Sie es sich nur dann, wenn Sie die Gegenleistung von genau der Person erwarten, der Sie Ihre Leistung gegeben haben. Das wird nicht immer funktionieren. Reagieren Sie dann nicht mit Bitterkeit und Ärger. Sollte der andere Ihre Leistung nicht ausgleichen wollen, so ist das seine Suppe, die er dann auslöffeln muss. Er muss selbst damit klarkommen, dass er irgendwann zu viel genommen hat und zu wenig gegeben.

Es anderen immer recht machen zu wollen, ihnen die Wünschen von den Augen abzulesen und beinahe alles für sie zu tun, ohne jemals eine Gegenleistung anzunehmen, das kann auf Dauer nicht gesund sein.

*Geben und Nehmen müssen sich die Waage halten. Ein ständiges Ungleichgewicht macht die Seele bitter und den Körper krank.*

Gesund bleiben Sie, wenn Sie für einen Ausgleich sorgen. Wenn Sie Geben und Nehmen im Gleichgewicht halten. Wenn Sie nur geben, sind Sie irgendwann leer. Sie müssen also auch nehmen – zwar nicht unbedingt von anderen Menschen, sondern Sie können auch von der geistigen Welt nehmen. Aber auch dafür braucht man Zeit. Sie können es Meditation nennen, Entspannung oder Erholung. Sie können Sport machen, schlafen, malen oder lesen. Was auch immer Sie wählen: Unterschätzen Sie den Ausgleich nicht! Geist und Seele brauchen genauso Entspannung und Erholung wie der Körper.

Wenn Sie nur einen kleinen Teil Ihrer Zeit für sich selbst verwenden, sind Sie in Kürze wie verwandelt und haben wieder Lust und Freude, die übrige Zeit und Energie für Ihre Arbeit, Ihre Familie und Ihre Freunde einzusetzen. Sie werfen ihnen nicht ständig insgeheim vor: »Wegen euch kann ich ja nicht dieses und jenes tun.« Was Sie offiziell natürlich nie zugeben würden, denn Sie sind ja ein guter Mensch und haben sich immer Familie gewünscht, Sie lieben Ihre Freunde und sind auch froh über Ihre Arbeit. Und doch … Haben Sie Bedenken, dass Ihre Lieben Ihre Wünsche abblocken? Vielleicht. Vielleicht aber auch nicht. Wenn Sie nicht probieren, Nein zu sagen, wissen Sie es nicht. Eines aber gilt ganz sicher: Je überzeugter Sie hinter Ihrem Wunsch stehen, desto klarer können Sie ihn vorbringen, desto eher werden andere ihn akzeptieren.

Nein sagen zu lernen soll also nicht heißen, dass Sie Ihren Lieben ab jetzt keinen Gefallen mehr tun sollen. Es soll heißen, dass Sie dahinterstehen, wenn Sie etwas tun. Dass Sie also entweder ablehnen oder, wenn Sie zustimmen, dass Sie es dann mit Überzeugung tun. Mit dem Neinsagen tun Sie anderen wirklich einen größeren Gefallen, als wenn Sie »ja« sagen und »nein« meinen. Denn alles, was Sie unwillig tun, trägt eine vergiftete Energie in sich. Das ist keine schöne Gabe für den anderen. Da hat er mehr von einem Nein. Er kann sich dann nämlich Leute suchen, die es gerne tun.

Einander zu helfen, füreinander da zu sein, stärkt zweifellos das Gemeinschaftsgefühl. Es ist die Grundlage für das soziale Gefüge und für Freundschaften. Aber:

> *Man ist kein schlechter Mensch,*
> *nur weil man einem anderen*
> *einen Gefallen abschlägt.*

Es geht im Grunde genommen auch gar nicht darum, ob man nun anderen einen Gefallen tut oder nicht, sondern um die eigene Einstellung dazu. Hat man die im Griff, wird man auch nicht mehr ausgenutzt. Das ist dann gar nicht mehr möglich. Denn wenn einer stets nur das tut, was er wirklich tun will – und dazu zählt auch, anderen zu helfen –, wer könnte ihn dann noch ausnutzen?

## Übung:

Um diese Klarheit für sich herzustellen, ziehen Sie immer wieder eine Grenze zwischen sich und die anderen. Damit vermeiden Sie es, über die Beweggründe der anderen zu urteilen und davon Ihre Handlungen abhängig zu machen. Stattdessen wenden Sie Ihre Energie für Ihre eigene Sache auf.

Stellen Sie sich diese Grenze wie eine Lichtschranke vor, die sich zwischen Ihnen und Ihrem Gegenüber aufbaut. Das helle, klare Licht macht eine Trennung der Energiefelder möglich und erlaubt Ihnen, klare Entscheidungen zu treffen.
Wenn Sie einen noch bildlicheren Vergleich vorziehen, stellen Sie sich die Grenze wie einen Gartenzaun vor, der zwischen Ihnen beiden steht. Über diesen Zaun hinweg ist ein Austausch möglich, aber jeder bleibt auf seinem Grundstück, in seinem eigenen Kraftfeld.

In besonders schwierigen Fällen, etwa wenn Sie jemand so stark bedrängt, dass Sie noch nie absagen konnten, dann können Sie sich die Grenze auch wie einen Paravent vorstellen, der zwischen Ihnen beiden steht. Dieser dient Ihnen als Schutz und ermöglicht Ihnen, mit Ihrer Aufmerksamkeit und Ihrer Energie bei sich zu bleiben. Später können Sie ihn wieder abbauen, wenn Sie stabiler geworden sind.

# Klare Absicht und neue Prägung

*Mit Überzeugung Ja oder Nein zu sagen ist wieder ein Schritt, um mehr Klarheit, Übersicht und Kraft in Ihr Leben zu bringen.*

Sie schützen sich damit vor ungewollten Aktionen, Sie werden selbstbewusster und selbstbestimmter. Mit diesem Training können Sie gut weitermachen. Befassen Sie sich mit der Macht der Gedanken und Worte.

Worte haben viel Kraft. Etwas in Worte zu fassen bedeutet, sich im Geiste über etwas klar geworden zu sein. Etwas auszusprechen heißt, Stellung zu beziehen. Sensiblen Menschen fällt gerade diese Klarheit besonders schwer. Lernen jedoch lässt sich auch diese.

Fangen Sie als sensibles Wesen nicht mit dem an, das Ihnen am schwersten fällt. Warum auch? Wer sagt, dass man es sich im Leben so schwer wie möglich machen muss? Ihren Herausforderungen werden Sie begegnen, auch wenn Sie sich nicht noch selbst Steine in den Weg legen, dessen können Sie sich sicher sein.

*Übung*

*Beginnen Sie Ihr Wortetraining also nicht damit, sich an Menschen zu wenden, von denen Sie Ablehnung erwarten müssen. Üben Sie erst einmal für sich, klare und eindeutige Sätze zu formulieren.*

*Brauchen Sie einen Ansprechpartner, wenden Sie sich an die geistige Welt. Hierzu haben Sie bestimmt sowieso einen sehr guten Zugang. Bitten Sie so klar und eindeutig wie möglich um das, was Sie gerade wollen und brauchen. Trauen Sie sich, etwas für sich zu erbitten. Es ist wunderbar, über den Weltfrieden zu meditieren und um Gesundheit für alle zu bitten. Aber dabei muss es nicht bleiben. Formulieren Sie auch das, was Sie brauchen. Sie sind deshalb noch lange kein Egoist. Im Gegenteil: Es zeigt, dass Sie die Verantwortung für Ihr Wohlergehen übernommen haben. Ihre Kräfte können Sie umso mehr für die Gemeinschaft einsetzen, wenn Sie sich selbst stärken. Lassen Sie sich dagegen auslaugen, ist es bald aus mit Ihrem Seelenfrieden und Ihrer Gesundheit. Es wäre doch schade um die schönen Talente, die Sie mitbekommen haben. Also, im*

*Interesse Ihrer Seele und im Interesse aller: Sie dürfen sich etwas für sich selbst wünschen.*

*In einer Notsituation tun die Menschen das automatisch. Sie senden ein Stoßgebet zum Himmel oder rufen ihre Schutzgeister an. Sie überlegen nicht lange. Sie bitten aus einem inneren Antrieb heraus um Hilfe, mit den Worten, die ihnen gerade in den Sinn kommen. Das sind dann auch die richtigen Worte.*

*Wer das Gebet kultivieren möchte, kann sich einen noch stärkeren Schutz aufbauen, wenn er es regelmäßig anwendet. Was immer und immer wieder gesagt wird, manifestiert sich schließlich. So könnte man sich jeden Abend für den Tag bedanken und um einen ruhigen und gesunden Schlaf bitten oder um Schutz für das Haus und seine Bewohner. Das lässt sich ebenfalls mit eigenen Worten sagen. Überaus wirkungsvoll sind dazu die alten Gebete und Segenssprüche, die von vielen Menschen gesprochen werden. Es sind geweihte Worte, die wie magische Formeln wirken und dabei übernatürliche Kräfte entwickeln.*

Von Ihren himmlischen Helfern können Sie sich auch führen und begleiten lassen, wenn der nächste Schritt ansteht: der Umgang mit anderen Menschen. Das ist ein Thema, bei dem gerade Sie als sensibler Mensch immer und immer wieder an Ihre Grenzen stoßen. Sie ahnen und spüren so viel – und manchmal hören Sie eben auch das Gras wachsen. Das heißt, Sie liegen zwar oftmals richtig, wenn Sie etwa eine Anfeindung vermuten, doch manchmal steckt hinter einer leicht giftigen Bemerkung eben doch keine Intrige, sondern es ist nur die momentane schlechte Laune Ihres Gegenübers, die Sie abbekommen haben.

Sensible Menschen haben ein besonderes Talent: Sie haben eine unermessliche Fantasie. Vielleicht arbeiten Sie damit und betätigen sich künstlerisch. Fantasie zu haben ist also etwas sehr Schönes. Aber alles hat zwei Seiten. Genau diese Fantasie kann Ihnen auch einen bösen Streich spielen. Sie beherrschen damit nämlich die Fähigkeit, aus Mücken Elefanten zu machen.

Stellen Sie sich vor, Sie durchlaufen gerade eine Lebensphase, in der Sie psychisch etwas angeschlagen sind. Fällt jetzt auch nur ein einziges falsches Wort, können Sie sich eine ausgewachsene Intrige daraus ersinnen. Eine Kleinigkeit bleibt keine Kleinigkeit, sondern Sie vermuten mehr dahinter. Alles bauschen Sie nun auf, bis Sie von einem Wust an Bosheit umgeben sind – zumindest in Ihrer Vorstellung. In Wirklichkeit kann das ganz anders aussehen.

Sind Sie an solch einem Punkt angelangt, bremsen Sie sich. Vergegenwärtigen Sie sich, dass es völlig normal ist, mal schlechte Laune zu haben und ein falsches Wort zu sagen. Und auch, dass jeder Mensch mal lästert und ein bisschen giftelt. Das muss noch keine Intrige bedeuten. Man könnte es auch »Dampf ablassen« nennen. Bleiben Sie gelassen. Sie können durchaus wachsam sein in der nächsten Zeit, aber nicht übertrieben argwöhnisch und misstrauisch werden. Beobachten Sie einfach etwas genauer, was vor sich geht und ob überhaupt etwas vor sich geht. Vielleicht ist ja alles wie gehabt, und Sie haben den anderen wirklich nur am falschen Tag erwischt.

Natürlich können Sie auch immer noch genauer Ihr Gefühl trainieren, um herauszufinden, wann welche Situation eintrifft. Einfacher und für alle sehr befreiend ist es jedoch, wenn Sie lernen, einen belastenden Sachverhalt klar anzusprechen. Das dürfte Ihnen zwar besonders schwerfallen, denn schließlich ist Ihnen die Vorstellung unerträglich, jemanden zu verletzen, doch Ehrlichkeit und Offenheit gehören immer noch zu den wirkungsvollsten Methoden, sich vor Intrigen zu schützen.

Zu Beginn ist es hilfreich, sich auf relativ unwichtige Themen zu verlegen, die nicht so tief gehen und keine seelischen Verletzungen auslösen. Das kann etwa ein kleines Missverständnis sein.

*Übung:*

*Wenn Sie sich also das nächste Mal von einer Äußerung getroffen fühlen, dann ziehen Sie sich nicht wie gewohnt zurück und grübeln, was es damit auf sich hat, ob der andere aufgehetzt wurde oder Sie nicht leiden kann oder gar etwas Böses im Schilde führt, sondern fragen Sie diesen Menschen direkt: »Wie hast du den Satz eigentlich gemeint?« Bleiben Sie klar und einfach, oder geben Sie noch einen Schuss Humor mit hinein. Warten Sie nicht, bis das Gift in Ihnen gewirkt hat, denn dann kommt Ihre Frage bei Weitem nicht mehr neutral, sondern von Ängsten und Zweifeln gefärbt heraus. Das löst bei Ihrem Gegenüber sicherlich keine Zuneigung aus, sondern fordert ihn nur auf, Sie sofort noch stärker anzugreifen. Und dann sind Sie genau da angelangt, wo Sie partout nicht hinwollten – bei einem Streit.*

Ihre große Empfindsamkeit hat in Ihnen eine tief verwurzelte Angst vor Konflikten angelegt. Als wäre das das Schlimmste, was einem passieren kann. Zwar ist es zutiefst wünschenswert, dass alle Menschen in Eintracht miteinander leben, aber dafür muss echte Harmonie herrschen, nicht vorgetäuschte. Wenn einer nachgibt um des lieben Friedens willen, ist das kein echter Frieden. Einen Konflikt auszuhalten und zu klären lässt sich trainieren. Die Versöhnung, die dadurch entsteht, stellt die Beziehung der Konfliktparteien auf eine ehrliche und tragfähige Basis. Das fühlt sich viel besser an als die (scheinheilige) Einigkeit, die vorher geherrscht hat.

»Was wollen die anderen? Sind sie zufrieden mit mir? Mögen sie mich?« Diese Fragen stellen sich sensible Menschen ständig, während sie mit anderen zu tun haben. Sie sind extrem anfällig dafür, sich in andere Menschen hineinzuversetzen und ihnen die Wünsche von den Augen abzulesen. Mit feinsten Antennen spüren sie, was die anderen brauchen und wollen. Sie stellen eigene Bedürfnisse zurück und fühlen sich, zumindest über längere Zeit, gut und edelmütig dabei. Heimlich aber wächst die Unzufriedenheit, bis sie schließlich zur Wut wird, die erneut unterdrückt wird – und in einem Zusammenbruch endet, in einer Depression, in einer Krankheit. So weit muss es nicht kommen. Die Strategie der Konfliktvermeidung führt nicht zu dem Ziel, dass überall Frieden herrscht. Die gegenteilige Version, überall Streit anzufangen, hat sich auch nicht bewährt. Die Lösung muss also in der Mitte liegen. Die Einsicht, dass es unterschiedliche Standpunkte gibt und dass diese alle von Wert sind, ist hierbei hilfreich. Klärend ist es dann aber, seinen eigenen Standpunkt zu vertreten und nicht, je nach Gesprächspartner, die Seiten zu wechseln.

Doch es kommt noch etwas anderes ins Spiel. Oftmals ist der Grund für die übertriebene Nachgiebigkeit auch die Angst davor, sich zu zeigen, wie man ist. Man könnte ja abgelehnt werden. Die Angst, nicht geliebt zu werden, steckt also dahinter. Einem standfesten und selbstbewussten Menschen würde das nicht passieren. Der würde einfach mit den Achseln zucken, wenn er denn die Ablehnung überhaupt wahrnehmen würde, und sich anderen Themen zuwenden. Für ihn würde es keine Rolle spielen, ob ihn jemand mag oder nicht. Sicherlich würde auch er es schätzen, wenn man ihn anerkennt und ihn mag, aber er weiß, dass es genug Menschen gibt, die das tun. Dann darf es auch welche geben, die das nicht tun. Er selbst kann doch auch nicht jeden leiden. Dieselbe Freiheit genießen bei ihm die anderen.

Ängstlich bedacht auf ein gutes Auskommen mit allen Menschen sind dagegen die Zögerlichen. Sie wollen niemanden verletzen, sondern es allen recht machen. Ehrlich wirkt das nicht, und das ist es auch nur in den seltensten Fällen. Am schlimmsten ist es, wenn sie erfahren, dass sie trotz aller Bemühungen, trotz allen Buhlens um die Gunst aller abgelehnt werden. Ein anderer, der klar seine Wünsche äußert und durchsetzt, ist oftmals beliebter. Warum? Weil er authentisch ist. Bei ihm weiß man, woran man ist. Das kommt an. Seine Klarheit macht ihn liebenswert, nicht seine Zustimmung zu allem und jedem.

Da merkt nun der, der seit so langer Zeit versucht hat, geliebt zu werden, indem er anderen die Wünsche erfüllt, dass er genau deswegen ihre Achtung verliert und keinen Deut mehr geliebt, sondern höchstens ausgenutzt wird. Das ist doch wirklich frustrierend und kann ihm noch den Rest geben.

Jeder Mensch hat seine Vorlieben und Abneigungen, mal abgesehen von den wirklich hoch entwickelten Seelen.

*So wie wir zu unseren Vorlieben stehen, können wir doch genauso gut zugeben, dass wir Abneigungen hegen.*

Eine ausgeglichene Haltung, in der wir nicht urteilen oder werten, können wir ja immer noch entwickeln. Um aber zur Ausgeglichenheit zu gelangen, zu einer echten inneren und äußeren Harmonie, müssen wir erst einmal bereit sein, die beiden Extreme kennenzulernen: die eine Seite, die des Verständnisses für andere Menschen, und die andere Seite, die der Ablehnung und des Aushaltens der Ablehnung.

Wie entwickelt man sich nun von einem zögerlichen Menschen zu einem standfesten Menschen? Machen Sie sich bewusst: Macht und Ohnmacht sind die zwei Seiten ein und derselben Medaille. Stärke und Macht gehören mit Schwäche und Ohnmacht untrennbar zusammen. Sie haben die Wahl. Sie können Ihre Macht annehmen oder sie abgeben. Viele trauen sich das aber nicht. Sie halten Macht für etwas, das mit Ausnutzen und Missbrauch zu tun hat. Das ist es im übersteigerten Sinne durchaus. Auf der anderen Seite gibt es aber auch die Übersteigerung, die der Ohnmacht und der Opferhaltung, die niemandem dient.

Trotzdem nehmen gerade sensible Menschen ihre Macht oftmals nicht für sich in Anspruch, sondern geben sie bereitwillig den anderen. So als hätten sie selbst nicht das Recht dazu, etwas für sich zu fordern. Vielleicht sogar, als hätten sie nicht das Recht, auf der Welt zu sein und ihren Platz auf der Erde einzunehmen. Gibt es nur andeutungsweise jemanden, der ihnen diesen Platz streitig macht, der Ansprüche erhebt auf ihren Arbeitsplatz, die Wohnung, ja, sogar auf ihren Partner, weichen sie zurück und räumen das Feld. Von dieser Selbstverleugnung gilt es, sich zu befreien.

## Übung:

*Stellen Sie ganz klar und eindeutig für sich fest, dass Sie niemanden mehr an Ihre persönliche Energie heranlassen werden. Oftmals genügt schon diese deutliche Absichtserklärung, um eine andere Ausstrahlung zu haben. Sprechen Sie diese Absicht aber auch aus, oder schreiben Sie sie noch besser auf. Ihre Aura erhält dadurch eine Klarheit, Stärke und Leuchtkraft, die andere davon abhält, sie anzutasten.*

*Äußerst wirkungsvoll ist es dabei, sich einen regelrechten Glaubenssatz einzuprägen und auch immer wieder laut auszusprechen, nur für sich selbst. »Ich bin in Ordnung, so wie ich bin«, könnte solch ein Satz lauten. Durch die häufige Wiederholung sackt der neue Glaubenssatz langsam in die tieferen Schichten der Persönlichkeit ab. Statt der ängstlichen Frage »Könnt ihr mich wohl leiden?« strahlen Sie nun die klare Botschaft »Ich mag mich so, wie ich bin« aus. Statt einem müden »Macht doch mit mir, was ihr wollt« senden Sie nun ein fröhliches »Ich bestimme selbst über mein Leben« aus. Stellen Sie sich solche Glaubenssätze vor wie einen Schriftzug, der auf Ihrer Stirn geschrieben ist. Das Unterbewusstsein der anderen »liest« diesen Schriftzug. Welche Botschaft Sie auch immer aussenden: Die anderen nehmen sie auf und müssen neu reagieren.*

# Die Kraft der Gedanken:
## Rosa Wolke und dunkler Pfeil

Gehen Sie nun noch einen Schritt weiter. Sie haben Ihre Worte im Griff. Sie sagen, was Sie wollen, Sie trauen sich, es auszusprechen. Arbeiten Sie als Nächstes mit der Kraft Ihrer Gedanken. Das ist ein weites Feld, das viel Übung erfordert, bis man zur Meisterschaft gelangt und alle Gedankenströme beherrscht. Doch auch kleine Veränderungen bringen schon erstaunliche Wirkungen.

Eines dürfen wir nie vergessen:

*Wir werden, was wir denken.*
*Unser Leben wird so,*
*wie wir es uns ausmalen.*

Das ist der Punkt, an dem wir ansetzen müssen. Natürlich ist es unglaublich schwer, sich aus einer allgemein bedrohlichen Stimmung zu befreien, sich nicht mitreißen zu lassen von einer überall spürbaren negativen Massenstimmung. Vor allem dann, wenn es uns in Teilbereichen bereits erwischt hat, wenn wir oder jemand aus unserem nahen Umfeld arbeitslos ist, seine Familie verloren hat, seine Gesundheit oder gleich alles zusammen. Trotzdem: Unsere Denkweise zu ändern ist nahezu die einzige Chance, die wir wirklich haben, um eine andere Richtung einzuschlagen. Denn unser Denken in der Gegenwart bildet die Grundlage für alles, was in der Zukunft geschehen wird.

Das wird allerdings nur in kleinen Schritten gehen. Wir können uns die Zukunft in schrecklichen oder in schönen Farben ausmalen, diese Wahl haben wir. Doch leben werden wir stets in der Gegenwart, und nur die zählt.

*Um sich darauf einzustimmen, hilft es, sich erst einmal bewusst zu machen, was im Leben alles gut ist. Irgendetwas lässt sich in jedem (!) Leben finden – und sei es die Freude über den Sonnenschein oder die Regentropfen oder die Dankbarkeit für den großen alten Baum vor dem Fenster. Das gilt es auszubauen, als etwas Besonderes zu würdigen. Einfach anerkennen, was es alles Gutes und Schönes im Leben gibt. Das stimmt versöhnlich. Man kann wieder Fuß fassen. Der Gedanke, dass es doch eigentlich gar nicht sicher ist, ob wirklich alles schlechter wird, liegt dann nahe.*

Mit der Angst vor der Zukunft machen wir uns zuerst einmal die Gegenwart madig. Und damit droht die Zukunft sowieso zu kippen. Die meisten Menschen kommen mit Ausnahmesituationen, wenn sie erst einmal eingetreten sind, nämlich erstaunlich gut zurecht. Das zeigen immer wieder die Berichte von Menschen, die katastrophale Situationen mitgemacht haben. Neue, bislang unbekannte Kräfte werden wach. Man wird kreativ und findet die geeigneten Mittel und Wege, aus diesen extremen Notlagen wieder herauszufinden. In der Vorstellung aber scheinen solche Situationen unüberwindbar. Es macht keinen Sinn, Panik zu schüren vor etwas, das noch nicht da ist und vielleicht auch gar nicht eintreffen wird. Viel wichtiger wäre es, Vertrauen zu üben in die eigenen Fähigkeiten, in Gott und die Welt. Dann werden wir schon zurechtkommen mit dem, was uns das Leben auferlegt.

*»Kommt, meine Freunde,*
*noch ist es nicht zu spät, eine neue Welt zu suchen,*
*denn ich will weitersegeln, über den Sonnenuntergang hinaus.*
*Und obwohl wir nicht mehr die Kraft besitzen,*
*die in alten Tagen Himmel und Erde bewegte,*
*sind wir dennoch, was wir sind:*
*Noch immer sind wir Helden,*
*deren Herzen im Gleichklang schlagen.*
*Zwar schwächt das Schicksal uns von Zeit zu Zeit,*
*doch stark ist unser Wille, zu streben, zu suchen, zu finden*
*und nicht zu verzagen.«*

Alfred Lord Tennyson (aus: »Ulysses«)

Kennen Sie das Gefühl, dass Sie genau das bekommen, was Sie wollten? Im Guten wie im Schlechten? Etwa, dass Sie eine böse Ahnung hatten und Ihre schlimmsten Befürchtungen wahr wurden? Oder dass Ihnen ein großer Herzenswunsch erfüllt wurde? Sie sollten wissen: Das alles haben Sie herbeigeführt, es mit Ihren Gedanken und Gefühlen quasi angezogen wie ein Magnet.

Wir können uns einen Großteil unserer Welt erschaffen, viel mehr als die meisten ahnen. Vieles ist nur eine Sache der Sichtweise. Der Einfluss unserer Gedanken ist in allen Bereichen des Lebens immens.

Dahinter steckt das Gesetz der Anziehung, eines der machtvollsten Gesetze, die unser Leben bestimmen.

*Wir ziehen an, was wir denken,*
*und fühlen, was wir ausstrahlen.*

Dieses Gesetz wirkt völlig unparteiisch. Es wirkt, ohne darüber zu urteilen, was gut und was schlecht ist. Es gibt uns das, was wir wollen. Wenn wir jammern, strahlen wir Jammer aus. Das Gesetz der Anziehung bringt uns mit aller Macht Situationen in unser Leben, die noch mehr Gründe zum Jammern liefern. Gelingt es uns, den Blick auf etwas Schönes zu richten, wirkt das Gesetz der Anziehung ebenso. Es bringt uns dann mehr von den Situationen ins Leben, über die wir uns freuen können.

Das Gesetz der Anziehung richtet nicht und beschützt uns nicht vor schlechten Erfahrungen. Wenn wir eine Erfahrung machen wollen, und sei es, weil wir aus lauter Angst immer wieder daran denken, dann ziehen wir genau diese Erfahrung an. Manches werden wir als Opfer erleben, ein anderes Mal werden wir Täter sein, reicht dies nicht, erleben wir sogar beide Seiten. Diese Freiheit haben wir als Gottesgeschenk mitbekommen – die Freiheit zu wählen, die Freiheit, ins Vertrauen zu gehen, unsere Träume zu leben, aber auch die Freiheit, Misserfolg und Scheitern anzuziehen.

Sogenannte schlechte Erfahrungen können natürlich durchaus interessant und lehrreich sein, gerade wenn vorher das Verständnis für Menschen in solchen Situationen fehlte. Aber man sollte diese Erfahrungen dann auch als interessant und lehrreich sehen und nicht als Unglück. Man sollte sich im Klaren darüber sein, dass man vermutlich Gedanken wie diese hegte: »Also dafür fehlt mir das Verständnis, wie kann man nur so und so reagieren, na ich wäre da ja ganz anders, ich würde dies und jenes machen.« So denken wir und fühlen uns klug und überlegen, verbinden uns aber, wie unsere Gedanken und Worte beweisen, intensiv mit Menschen in misslichen Lagen. Wir senden aus: »Liebes Schicksal, bring mir eine solche Situation, ich möchte doch mal sehen, ob ich sie nicht besser meistere.« Der Wunsch wird erfüllt.

Wollen wir aus solch einer Situation wieder herauskommen, nützt es nichts, eine Abwärtsspirale vor seinem geistigen Auge aufzubauen. Die beste Möglichkeit, um den Bann zu durchbrechen, ist, einfach zuzugeben, dass man sich geirrt hat. Man könnte sich sagen: »Stimmt, das ist ja gar nicht besser geworden, ich kann es auch nicht besser als die anderen, über die ich geurteilt habe. Jetzt weiß ich es.« Damit kann sich die unbewusst aufgebaute schädliche Programmierung ändern, die negative Kraft verpufft.

Dann gelingt es auch, über den Berg an Problemen, den man sich angehäuft hat, hinauszuschauen, so weit, bis die Lösung sichtbar wird. Dann kann man spüren, wie sich das anfühlt, und man kann dieses neue Gefühl verinnerlichen. Das gibt die Kraft für die ersten Schritte hin zu der befreiten Situation. Diese Vision lässt sich immer wieder herbeiholen.

Um aufbauende und positive Gedanken zu hegen, um heilsame Programmierungen und Visionen zu trainieren, muss es sich übrigens nicht um die ganz großen Lebensthemen handeln.

## Übung

*Als eine gute Übung genügt es durchaus, sich um den Alltag zu kümmern. Um eine stressfreie Fahrt zur Arbeit, um ein motivierendes Gespräch mit Kollegen, um erfolgreiche Kundenkontakte, um einen gemütlichen und entspannenden Abend zu Hause mit der Familie. Fangen Sie mit nur einem Punkt auf Ihrer Liste an, mit dem, der Ihnen gerade am meisten auf der Seele brennt.*

*Schauen Sie jeden Tag genau das an, was Ihnen wichtig ist. Denken Sie an das, was Ihnen wichtig ist. Das kann gleich morgens beim Aufwachen beginnen. Wenn Sie in Ängsten aufgehen darüber, was alles schiefgehen könnte, raubt Ihnen das endlos Energie. Statt sich den Kopf von Sorgen zermürben zu lassen, versuchen Sie sich vorzustellen, wie dieser Tag bestmöglich ablaufen könnte. Steht Ihnen eine schwierige Aufgabe bevor, dann malen Sie sich aus, wie Sie am Feierabend stolz auf das gelungene Ergebnis schauen. Machen Sie sich dies zur Gewohnheit. Stellen Sie sich immer die Lösung vor, fühlen Sie, wie angenehm eine Situation für Sie ist, wenn das Problem gelöst ist, wie Sie dann stolz und glücklich sind oder lustig und befreit. Lernen Sie, Ihre Energie mit Ihrer Aufmerksamkeit bewusst zu lenken.*

*So nutzen Sie mit der Zeit die Kraft der Gedanken immer stärker in Ihrem Alltag. Eine wunderschöne Übung ist es, jeden Tag etwas Gutes zu bewirken. Versuchen können Sie es doch, was meinen Sie? Vielleicht fragen Sie sich, wie das gehen soll. Vielleicht in der guten alten Tradition der Pfadfinder »Jeden Tag eine gute Tat«? Warum eigentlich nicht! Eine gute Suggestion ist schließlich die weiterentwickelte Form einer guten Tat. Es ist eine Energieform, die wir ausstrahlen und die die Möglichkeit für etwas Gutes schafft.*

Dass es wenig Sinn macht, jemandem einen Wunsch mit auf den Weg zu geben wie »Das schaffst du nie«, ist eigentlich klar. Absichtlich würde wohl keine Mutter ein Kind zu einer Prüfung schicken, würde kein Mensch seinen Partner in eine Herausforderung gehen lassen mit diesen destruktiven Worten. Versteckt kommen solche Gedanken und Worte allerdings doch durch. Denn die eigenen Zweifel sind oftmals größer als der Glaube daran, dass alles gut ausgehen könnte. Mit Sorgen und Zweifeln senden wir tagaus, tagein eine Menge dunkler, negativer Wolken aus.

Die Suggestionskräfte positiv zu nutzen heißt nicht, blauäugig durch die Welt zu wandeln und die Realität nicht zu sehen. Es heißt nicht, alles in Watte zu hüllen und schönzureden. Es heißt aber auch nicht, die Welt düsterer zu machen, als sie ist. Denn was passiert, wenn wir darauf fixiert sind, Mängel zu entdecken, und uns vorstellen, wie alles noch schlimmer kommen könnte? Das ist es doch, was ständig in Nachrichten und Medien geschieht. Ängste, Sorgen, Zweifel werden geschürt – und das nicht zu knapp. Hoffnung wird kaum verbreitet. Dabei sollte es doch inzwischen Allgemeinwissen sein, dass wir mit unseren Gedanken und Worten die Zukunft gestalten. Doch wie viele Menschen wenden dieses Wissen an?

Rein wissenschaftlich gesehen wird als Suggestion die manipulative Beeinflussung des Denkens, Fühlens, Wollens oder Handelns bezeichnet, bei der die Manipulation vom Bewusstsein aber nicht wahrgenommen wird. Schon das Wort Manipulation lässt viele aufschrecken, denn wer will schon in eine bestimmte Richtung gesteuert werden. Unangenehme Beispiele hierfür gibt es genug, schauen wir uns nur die Werbung an. Immer wieder meint man, etwas unbedingt zu brauchen – im Grunde nur, weil die Schauspieler in dem Werbespot so glücklich aussehen, wie wir es selbst gerne wären.

Doch alles hat seine zwei Seiten, und so lässt sich auch mit der Suggestion eine Menge Gutes bewirken. Sicherlich kennen Sie auch aus eigenem Erleben genügend Beispiele, wo die positive Beeinflussung durch Gedankenkraft geholfen hat.

Im Grunde gelingt es doch sowieso höchst selten, völlig unbeeindruckt von äußeren Einflüssen zu sein. In einem meditativen Zustand vielleicht, ansonsten reagieren wir auf alle möglichen Reize. Wir ärgern uns spontan oder freuen uns. Wir leiden mit, jammern oder lachen mit. Wir lassen uns anstecken – nicht nur von der Grippe der Kollegen und Freunde, sondern auch von deren Stimmung und Einstellung. Jede Art der menschlichen Kommunikation, seien es Worte, Gesten oder Blicke, beinhaltet einen nicht unwichtigen Anteil an Beeinflussung. Ja, sogar wenn wir allein für uns grübeln, sind wir nicht frei davon, uns selbst in eine bestimmte Richtung zu beeinflussen. Je nach Selbstwertgefühl halten wir uns gerade für fähig und wichtig oder für nutzlos und wertlos. Diese innere Haltung verstärkt sich, wirkt sich auf unsere Taten aus – und wir erhalten in Kürze den Beweis dafür, dass wir tatsächlich entweder fähig oder nutzlos sind. Wir haben es ja gewusst! Die Kraft des Glaubens, so steht es schon in der Bibel, ist so gewaltig, dass sich damit sogar Berge versetzen lassen. Das ist ein uraltes Wissen. Wir nutzen es täglich – aber meist negativ. Wir wissen, was wir nicht wollen, was wir nicht können, was wir nicht sind. Das sagen wir uns ständig selbst, und schließlich entwickeln wir uns genau in diese Richtung. Wir bekommen, was wir nicht gewollt haben, wir tun, was wir nicht können, und wir sind so, wie wir gar nicht sein möchten. Bei anderen Menschen ergeht es uns genauso. Auch bei ihnen sehen wir deutlich ihre Fehler. Sehen, was sie alles falsch machen, was sie unterlassen, was sie vergessen haben. Ob wir es aussprechen oder nicht: Schon wenn wir massiv nur an die Fehler der anderen denken, verstärken sich diese vor allem im Umgang mit uns.

*Wir sind eben kein autarkes Schiff,*
*das durch die Wellen steuert,*
*sondern wir sind alle*
*miteinander verbunden.*

Schon die Luft, die wir ein- und ausatmen, ist ein Element, das uns untereinander verwebt. Auch wenn die Vorstellung dem einen oder anderen unangenehm sein mag, dass der ungeliebte Kollege vielleicht gerade die Luft ausgeatmet hat, die wir jetzt einatmen, oder ein anderer mit Schadenfreude sieht, dass die beneidete Freundin auch keine bessere Luft bekommt – es ist so. Und da es beim Element Luft keine Grenze gibt, gilt dies auch, wenn wir uns nicht im selben Zimmer oder in derselben Stadt aufhalten.

Aber es gibt noch andere Bindungen, die wie die Luft ebenfalls unsichtbar sind. Wie eine Art energetisches Band baut sich eine Verbindung zwischen Menschen auf, die etwas miteinander zu tun haben, die einander nicht gleichgültig gegenüberstehen. Mit Menschen, die unsere Emotionen wecken, verbindet uns solch ein Band, ganz gleich, ob wir einander nun lieben oder hassen. Durch konzentrierte Gedanken und durch starke Gefühle wird ein solches Band geknüpft und verschafft uns Zugang zueinander.

Als empfindungsstarker Mensch ist Ihnen dies bestimmt nicht fremd. Meist spüren Sie das Energiefeld anderer Menschen sowieso deutlich in Ihrem Bewusstsein. Sich davon aber bewusst abzugrenzen, die Kraft zu nutzen oder zu steu ern, das ist etwas, das Sie vielleicht noch lernen können. Schauen Sie sich die Funktion und die Wirkung dieser energetischen Verbindungen genauer an.

Gefühle wie Hoffnungen, Wünsche, Unsicherheiten und Ängste speisen die Kraft dieses Energiebandes. Aber auch bewusste Gedanken tragen eine Menge dazu bei. Je nach Qualität dieser Gedanken und Gefühle ändert sich natürlich auch die Art dieser unsichtbaren Verbindung. Sie kann überaus positiv und erfreulich sein oder auch negativ und zerstörerisch.

Mit jedem Gedanken senden wir eine Art Energie aus, genauso mit jedem Gefühl. Hängt diese ausgesendete Energie mit einem anderen Menschen zusammen, baut sich auch schon eine zarte Verbindung auf. Denken wir zärtlich und liebevoll an den anderen, können wir uns das wie eine weiche, rosa Wolke vorstellen, die uns mit dem anderen verbindet. Denken wir aber voller Wut und Zorn an den anderen, schießt diese Kraft wie ein dunkler Pfeil auf den anderen zu. Ist dieser ein sehr sensibler Mensch mit feinen Antennen, könnte er diese Energie auffangen. Es ist durchaus möglich, dass er sich plötzlich in seiner Haut nicht mehr wohlfühlt, ohne zu wissen warum, oder sich sogar genau in diesem Moment verletzt.

Zu wissen, dass so etwas funktioniert, ist tatsächlich der erste Schritt zur Magie. Die Verantwortung kommt aber mit dem Wissen. Unbewusste Menschen denken alles Mögliche, mal wütend, mal freundlich. Die Kraft ihrer Gedanken ist in der Regel nicht sehr groß, weil diese meist zerstreut sind und diese Menschen nicht um die Kraft gesammelter Gedanken wissen. Wer sich mit diesem Thema schon mehr beschäftigt hat, weiß, wie viel man mit der Kraft der Gedanken anrichten kann.

In der fernöstlichen Kampfkunst wird dieses Phänomen seit Langem genutzt. Die ganze Energie wird auf einen einzigen Augenblick konzentriert, daraus entwickelt sich solch eine Kraft, dass sogar Balken mit der bloßen Hand durchschlagen werden können. Auch in der Voodoo-Praxis in Westafrika ist diese Handlungsweise gang und gäbe. Man wünscht jemandem zielsicher ein Glück herbei – oder auch ein Unglück. In unseren Breiten hat sich in den letzten Jahren die Kunst, die eigenen Wünsche exakt zu formulieren und damit deren Erfüllung sozusagen herbeizudenken, weit verbreitet.

Das funktioniert wirklich, im Positiven wie im Negativen. Um keinen großen Schaden anzurichten, ist die Kontrolle unserer Gedanken- und Gefühlswelt daher entscheidend. Zuerst einmal ist es wichtig, unsere Gedanken zu beobachten. Im Prinzip denken wir ja ständig, es ist, als säße im Gehirn ein kleiner Kommentator, der ständig seinen »Senf« dazugibt. Er ist nur schwer abzuschalten, manchen gelingt dies erst durch lange Meditationspraxis. Also, dann hören wir doch mal hin, was wir eigentlich die ganze Zeit so denken.

Was schießt uns gerade durch den Kopf? Sind es berufliche Aufgaben, die anstehen? Wälzen wir finanzielle Probleme? Ist es die Freundin, die wir um ihre neue Liebe beneiden? Oder der Bekannte mit dem großen Glück im Lotto? Ist es die Angst vor dem Auftritt vor der ganzen Gruppe, die Angst, wieder etwas falsch zu machen, die Angst vor Vorwürfen? Ist es vielleicht etwas Nettes wie die Vorfreude auf ein Grillfest, auf eine Geburtstagseinladung, auf ein Konzert? Oder die Erinnerung an ein herzerwärmendes Telefonat oder an den gestrigen schönen Abend?

*An wen oder was wir auch denken:*
*Wir schicken unsere Energie dorthin.*

Berührt uns etwas tief, sind unsere Gefühle aufgewühlt, dann ist die Kraft, die wir aussenden, groß und stark. Lässt es uns aber eher gleichgültig, denken wir nur so am Rande daran, dann ist die Kraft unbedeutend und schwach. Gewaltige, starke Gedankenformen sind Angst, Neid, Eifersucht, Hass, aber natürlich auch Liebe, die stärkste aller Energien.

Selbst wenn es freundliche Bindungen sind, die wir auf diesem Weg aufgebaut haben, Bindungen sind es trotzdem. Leicht können daraus Abhängigkeiten entstehen. Sie sollten deshalb immer wieder behutsam getrennt werden. Eine solche Trennung muss man sich nicht als schmerzhaften Vorgang vorstellen. Und keine Sorge, allein sind wir deshalb auch nicht. Wir sind nur eben nicht mehr abhängig und nicht von anderen lenkbar. Und das ist sehr, sehr wichtig, wenn wir unsere eigene Kraft nutzen und unsere Ziele für dieses Leben erfüllen wollen.

*Übung:*

*Da im täglichen Umgang miteinander solche Verbindungen ständig aufgebaut werden, sollten wir es uns zur Gewohnheit machen, unsere Aura regelmäßig zu reinigen und uns bei uns selbst zu zentrieren. Dazu können wir uns die Aura wie ein Ei vorstellen, das von einem strahlenden, hellen Licht durchflutet wird. Unsichtbare Fäden, die zu anderen Wesen hinausgehen, durchtrennen wir sanft. Unwillkürlich werden wir dann aufhören zu grübeln: »Ja, wenn der andere dies oder jenes täte, wäre ich glücklich, wenn er so und so reagierte, fühlte ich mich wohl.« Es spielt dann keine Rolle, was andere tun oder lassen. Man wird selbst zum Meister seines Schicksals.*

Unsere persönliche Einstellung, unsere eigenen Gedanken und Gefühle wirken entscheidend bei jeder Begegnung mit. Andere Menschen begegnen uns nicht zuletzt deshalb freundlich oder feindlich, weil wir dies so ausstrahlen. Dieses Wissen ermöglicht es uns, sorgsam mit unserer Kraft und Ausstrahlung umzugehen, und lässt uns sogar Gegner in Freunde verwandeln.

Denn was immer wir aussenden, es kehrt zu uns zurück. Ob gute oder schlechte Gedanken, den Adressaten werden sie erreichen – je nach seinem persönlichen Schutz mehr oder weniger stark. Zu uns selbst kehren die ausgesandten Energien allerdings immer in potenzierter Form zurück. Das heißt, wenn wir Freude und Liebe aussenden, erhalten wir noch mehr Freude und Liebe zurück. Senden wir Hass, Neid, Bitterkeit, Missgunst, Misstrauen und Eifersucht aus, erreichen uns Energien dieser Art in noch stärkerem Maße.

Das allein wäre schon Anlass genug, während des Denkens kurz innezuhalten und sich zu fragen: »Was denke ich hier eigentlich?«, und sich rundweg zu sagen: »Nein, Schluss, aus, Ende!«, wenn wir feststellen, dass wir dabei sind, bitterböse Energieschnüre zu spinnen. Selbst wenn es den Feind momentan schädigt – uns selbst tut es noch viel mehr weh.

Die Gedanken bauen sich ja gegenseitig auf. Wer angefangen hat, spielt bald keine Rolle mehr. Der eine bekommt vom anderen Wut. Der Empfänger fühlt sich verärgert und schickt ebenfalls böse Gedanken. Zählt man neben den Energien, die wir vom anderen bekommen, noch die Rückkehr der eigenen ausgesendeten schlechten Kraft hinzu, bekommen wir eine ganz schöne Ladung ab. Der andere auch. Bald ist die ärgste Feindschaft entstanden, die, wenn sie nicht gelöst wird, das Leben überdauert. Ziemlich unsinnig, oder?

Da wäre es doch wirklich an der Zeit, den Spieß einmal umzudrehen. Denken Sie an das, was Sie wollen, was Sie können, was

Sie sind. Machen Sie es bei Ihren Mitmenschen genauso. Achten Sie verstärkt auf das, was sie auszeichnet, was sie leisten, was sie gut machen, auf das, was an ihnen das Besondere ist.

*Übung:*

*Machen Sie eine einfache Übung. Schreiben Sie sich eine Liste der Menschen, mit denen Sie täglich zu tun haben: Ihre Familie, Ihre Kollegen, Ihre engsten Freunde – und besonders auch die Menschen, die Sie lieber auf dem Mond wüssten. Machen Sie zwei Spalten hinter den Namen. Über der ersten Spalte steht: »Mir gefällt an dir ...«, über der zweiten Spalte steht: »Ich wünsche dir ...« Lassen Sie sich zu jedem (wirklich zu jedem!) etwas Schönes einfallen. Bleiben Sie aber nicht bei allgemeinen Wünschen wie: »Ich wünsche dir Glück.« Werden Sie detaillierter, persönlicher, suchen Sie etwas, das diesem Menschen wirklich Freude machen würde. Sie werden erstaunt feststellen, wie sehr diese neue »Bewertung« Ihre Beziehungen verändern wird. Lassen Sie sich davon anspornen, mit solchen Gedanken im Alltag weiterzumachen. Immer, wenn Sie wieder anfangen, innerlich oder tatsächlich über andere zu schimpfen, halten Sie inne, und suchen Sie sich stattdessen etwas Freundliches an diesem Menschen. Das heißt nicht, dass Sie in Zukunft über alle Fehler hinwegsehen und alles hinnehmen müssten, was Ihnen angetan wird. Darauf können Sie ruhig und sachlich aufmerksam machen und eine Änderung fordern. Dabei aber nicht denken: »Das klappt ja wieder nicht, ich kenne ihn doch«, sondern besser: »Das kommt jetzt in Ordnung, täglich ein Stück mehr.«*

Schicken Sie Ihrem Gegner immer wieder einen neutralen oder gar einen netten Gedanken. Dann bekommt seine Wut keine neue Nahrung mehr, baut sich also nicht neu auf. Je nach Schwere des ursprünglichen Vorfalls fällt sein Widerstand über kurz oder lang in sich zusammen. So kann ein Feind tatsächlich zum Freund werden. Das ist gemeint, wenn in der Bibel steht: »Liebet eure Feinde.« Für den Anfang reicht es, Verständnis und Großzügigkeit, Mitgefühl und Freundlichkeit zu entwickeln. Es reicht, in dem anderen einen Menschen zu sehen, der Fehler macht, der wie man selbst nicht perfekt ist, der Zwängen unterworfen ist und manchmal leidet. Das Lieben kommt irgendwann – und dafür ist die Seele eines sensiblen Menschen, die auf All-Liebe ausgerichtet ist, sowieso wieder zu haben.

In dem Buch »Pay it Forward« von Catherine Ryan Hyde, das unter dem Titel »Das Glücksprinzip« verfilmt wurde, fordert ein Lehrer seine Schüler auf, sich etwas zu überlegen, wie sie die Welt verbessern könnten. Der kleine Trevor hat eine einfache und doch geniale Idee. Er schlägt vor, dass jeder von ihnen drei Menschen helfen solle, die in Not sind. Zum Dank soll jeder dieser drei Menschen wiederum drei anderen Bedürftigen helfen. Und so weiter. In kurzer Zeit würde sich ein Netzwerk der Hilfsbereitschaft über die ganze Erde verbreiten.

Diese schöne Idee auf die Suggestionskraft übertragen könnte heißen: Jeder sendet täglich drei gute Gedanken mit dem ebenfalls gedanklich ausgesandten Ziel, dass gute Gedanken weitergeschickt werden.

*Übung:*

*Machen Sie mit, und senden Sie täglich ganz bewusst drei gute Gedanken in die Welt. Halten Sie sich gar nicht lange damit auf, ob diese Idee zu verwirklichen ist oder nicht. Greifen Sie die Vorstellung einfach auf, und senden Sie zum Beispiel Licht, Liebe und Freude in die Welt.*

Vergessen Sie nicht, dass wir sowieso ständig Sender und Empfänger gleichzeitig sind. War die Wirkung bisher eher negativ, war der Empfang vermutlich auf diese Wellenlänge geschaltet. Sie wissen doch: Was wir aussenden, kehrt zu uns zurück.

Ändern Sie Ihr »Sendeprogramm«.

*Senden Sie ab jetzt freundliche, aufbauende Gedanken und Gefühle in die Welt – zumindest drei.*

Und freuen Sie sich auf all das Schöne, das nun in Ihr Leben zurückkommen wird. Denn Sie wissen: Gute Gedanken und Taten kann die Welt wirklich brauchen. Jeder kann dazu beitragen, jeder einen kleinen Teil.

# Erdung – die Urkraft entdecken

*J*e weiter entwickelt Ihre Sensibilität ist, desto stärker wird Ihre Verbindung zum Göttlichen. Vermutlich haben Sie feinste Antennen und oftmals Eingebungen, die nicht nur scheinbar direkt aus der geistigen Welt stammen. Nicht immer aber geht mit dieser Verbindung nach oben auch ein starkes Urvertrauen einher. Das aber brauchen wir, wenn wir hier auf Erden bestehen wollen: Zutrauen zu uns selbst und tiefe, starke Wurzeln. Im Umgang mit anderen Menschen ist dies sogar besonders wichtig. Denn gerade die zunehmende Empfindsamkeit lässt uns dazu neigen, uns zu sehr zu öffnen und alle Kraft hinzugeben.

Bei allem, was wir tun, sollten wir geerdet sein. Wie der Volksmund sagt: mit beiden Beinen fest auf dem Boden stehen. Wir wollen, trotz aller Verbindung zu Gott und zur geistigen Welt, ja nicht abheben, sondern unseren gesunden Menschenverstand bewahren. Der allein schützt uns schon vor Aberglauben und übertriebenen Ängsten. Eine gute Erdung ist die Voraussetzung, um Stürmen im Leben standhalten zu können.

In der Geschichte der Menschheit gab es schon häufig schwere Zeiten. Viele Generationen haben langjährige Kriege, Seuchen und Naturkatastrophen erlebt. Auch wenn die Lage noch so aussichtslos und die Zerstörung unendlich schien, so haben die Menschen es überstanden. Das zeigt doch: Wir sind an sich nicht auf Untergang programmiert. Wir sind anpassungsfähig und zäh. Auf diese Urkraft, die in uns allen wohnt, die leben und nicht untergehen will, darauf sollten wir uns konzentrieren. Das gilt ganz besonders dann, wenn wir uns elend und dem Abgrund nah fühlen.

Betrachten wir die Natur, so wissen wir es: Selbst in den kärglichsten und unwirtlichsten Regionen der Erde sprießen Pflanzen und gedeihen Tiere. Ganz gleich, ob wir in die Hochgebirge schauen, in die Wüsten oder in die Kälteregionen der Erde – Leben gibt es überall. Es ist das Leben selbst, das machtvoll ist und sich behaupten will. Diese Lebenskraft gilt es, in uns zu entdecken. Haben wir sie erst einmal gefunden, macht uns das stark und mutig. Wir verlieren zusehends unsere Ängste. Denn die Sicherheiten, die wir bisher dafür hielten, waren ja doch nur »Krücken«.

*Wahre Stabilität können wir nur in unserem Inneren finden. Im Grunde wissen wir das.*

Das ist es doch, warum wir uns oftmals so unsicher fühlten und alles für möglich hielten. Wir spürten schon, dass sich das Leben jederzeit grundlegend wandeln kann. Das hat uns Angst gemacht. Jetzt kann uns dasselbe Wissen stark machen. Denn was lebt, will wachsen, das heißt, es ist dem Wandel von Werden und Vergehen unterworfen. Leben heißt Veränderung.

Lassen Sie die Kapitel Ihres Lebens, die mit »Unsicherheit«, »Ausgelaugtsein« und »Zukunftsangst« überschrieben sind, getrost hinter sich. Sehen Sie sich durch eine gute Erdung mit der Urkraft des Lebens verbunden. Spüren Sie die Zuversicht.

## Übung:

*Wenn Sie doch einmal das Gefühl haben, nicht mehr richtig geerdet zu sein – etwa weil Sie auf einen Energiesauger treffen oder mit alten Mustern konfrontiert werden –, dann stellen Sie beide Beine auf den Boden, und lassen Sie in Ihrer Vorstellung von Ihren Fußsohlen aus tiefe Wurzeln in die Erde hineinwachsen. Stellen Sie sich vor, wie Sie fest mit unserem Planeten verankert sind, wie er Sie stützt und trägt und hält. Egal, was für Stürme auch kommen mögen.*

Denn wenn Sie gut geerdet sind, kann Sie kein Windstoß umwerfen. Sie stehen fest und solide. Eine gute Erdung stabilisiert automatisch Ihre Aura. Sie umgibt Sie wie eine glatte, feste Schutzhülle und wirkt wie ein Blitzableiter. Angriffe gleiten ab und werden direkt an Ihrer äußeren Auraschicht entlang in den Boden geleitet, Sie selbst werden gar nicht berührt. Es ist wie eine Umlenkung der Energiebahnen, die von außen angelegt werden. Man kann Sie weder treffen noch Ihnen Energie abziehen.

Mit der Erdung lässt sich das Urvertrauen stärken, das Vertrauen ins Leben und in die Kraft des Lebens. Das ist es doch, was so vielen Menschen fehlt. Die Flut an Erkrankungen wie Burn-out oder Depression zeigt, dass die Ängste zunehmen und das Vertrauen schwindet. Immer mehr Menschen fühlen sich regelrecht fehl am Platz. Manche glauben gar, ihnen stünde nicht das Recht zu, hier auf der Erde zu sein. Kaum macht ihnen jemand ihren Platz streitig, schon springen sie beiseite. Dabei geht es ihnen ganz und gar nicht gut. Sie fühlen sich getrieben, vertrieben, verloren.

*Konzentrieren Sie sich darauf, sich immer wieder bewusst mit der Erde zu verbinden. Lernen Sie wieder, das Leben als Geschenk zu sehen.*

Jeder, der lebt, hat einen Platz auf der Welt, seinen Platz. Den zu besetzen ist seine Aufgabe, seine Pflicht, seine Freude.

Erst wenn Sie nicht mehr davor weglaufen und stattdessen anfangen, Ihr Terrain zu schätzen und zu verteidigen, sind Sie richtig angekommen. Ob es schon so weit ist, können Sie unschwer erkennen: Solange Sie noch auf Menschen treffen, die bewirken, dass Sie es ihnen um jeden Preis recht machen wollen, sind Sie noch in der Opferhaltung. Und solange Sie auf Menschen treffen, die Sie aggressiv und böse machen, sind Sie in der Täterhaltung. Beides ist ein Extrem, beides ist unausgeglichen. Erst wenn Sie selbstbewusst Ihren Platz einnehmen, sind Sie in Ihrer Mitte angekommen.

Sensible Menschen haben weitaus häufiger mit der Opferhaltung zu tun als mit der Täterhaltung. Das Problem liegt fast immer in der totalen Ablehnung von Aggression. Menschen, die sich auf den spirituellen Weg begeben haben, sehen ein, dass Gewalt und Zerstörung die Welt nicht weiterbringen. Viele lehnen nun aber jede Form der Aggression ab und überspannen den Bogen: Selbst wenn es um die Verteidigung ihrer eigenen Energie und Lebenskraft geht, ziehen sie keine Grenze. Sie wollen friedlich sein, sanft, hingebungsvoll, verstehend und verzeihend. Alles lassen sie mit sich geschehen.

Abwehr, Aggression, Grenze – all das gilt als anrüchig, als Überbleibsel aus der alten, patriarchalischen Gesellschaftsordnung. Doch leider geht im Inneren der Kampf weiter. Die Aggression, die nicht nach außen gelebt wird, richtet sich gegen das eigene Selbst. Das wird dann sogar noch als edel empfunden, nach dem Motto »Lieber leide ich als du«. Aber es ist nicht gesund, und es bleibt eine Aggression, eine Beleidigung des Lebens und der Würde. Denn im Grunde ist es egal, wer von seinem Platz verdrängt wird und wer nicht geachtet wird, ob es nun das eigene Selbst ist oder das eines anderen Menschen. Tatsache ist, dass es jemanden trifft. Das sollte aber nicht sein. Das wahrhaft edle Ziel wäre, Achtung für jeden zu erreichen und jedem seinen Platz und seine Würde zu geben – auch sich selbst.

Außerdem lässt sich in einer dauernden Opferhaltung keine innere Ruhe finden. Die Unzufriedenheit nagt kräftig am Gemüt.

*Denn um eine wirklich friedliche, sanfte Ausstrahlung zu haben, muss man diesen Frieden in sich tragen.*

Das ist bei denen aber nicht der Fall, die sich aus Angst, Täter zu sein, zum Opfer machen lassen. Das Fatale daran ist, dass dadurch die Aggression nicht aus der Welt geschafft ist. Denn gerade durch ihre Opferhaltung fühlen sich andere Menschen oft provoziert. Nun werden diese zum Täter.

Es gibt also weiterhin Schuld, Verletzung und Unrecht. Diese sind nur anders verteilt. Geholfen ist damit keinem. Wenn einer meint, er habe den Frieden in sich gefunden, nur die anderen, die sind alle schlecht und wollen ihm Böses, dann hat er das Problem nur verlagert. Wie oben, so unten, wie innen, so außen. Die Menschen, mit denen man zusammentrifft, sind immer ein Spiegelbild dessen, was wir in uns tragen. Wenn es im eigenen Inneren noch ungelöste Konflikte gibt, werden sich diese im Außen zeigen.

Je mehr man versucht, diese Themen zu unterdrücken und sie mit einer rosaroten Paste zuzukleistern, desto mehr werden sie nach außen verlagert. Sie zeigen sich umso deutlicher bei anderen Menschen. Manchmal sind es die eigenen Kinder, die einen provozieren, manchmal ist es der Partner, manchmal sind es Kollegen. So als wollten sie uns zwingen, uns endlich zu wehren.

Wehrt man sich, fühlt man sich als Verlierer, weil man ja doch eine Aggression zugelassen hat. Wehrt man sich nicht, ist man aber wirklich der Verlierer. Man hat damit sein Recht auf Selbstbestimmung aufgegeben und hat einen anderen zum Täter werden lassen.

Aus dieser Falle gibt es einen guten Ausweg: Die Erkenntnis ist, dass jeder einen Raum für sich beanspruchen darf – und zwar seinen Raum.

*Jeder darf seinen Platz auf der Erde besetzen.*

Dieser Platz ist ein Geschenk des Himmels. Diesen gilt es zu bewahren, zu schützen und zu pflegen. Dazu gehört auch, ihn gegen Energieräuber zu verteidigen. Damit zeigen Sie, dass Ihnen Ihr Platz etwas wert ist und dass Sie das Geschenk dieses Platzes würdigen. Machen Sie sich bewusst, wie wertvoll das Geschenk des Lebens ist. Dann wird es sofort leichter, den Platz wertzuschätzen und zu verteidigen. Je unsicherer Sie sich Ihres Platzes und Ihres Wertes sind, desto mehr Menschen kommen auf die Idee, sich der Kraft, die dort vorhanden ist, zu bemächtigen. Sie strahlen aus: »Hey, hier ist etwas zu holen, ich traue mich nicht, es mir zu nehmen, obwohl es meines ist, also versucht ihr es doch!« Und da gibt es eine ganze Menge Leute, die sich nicht zweimal bitten lassen ...

Sie selbst sind der einzige Mensch, der die Kraft Ihres Platzes nutzen könnte, aber Sie tun es nicht, also ist die Energie verloren und vergeudet. Den eigenen Platz, die eigene Kraft anderen zur Verfügung zu stellen kommt einer Selbstverletzung gleich, und anderen schaden sie damit auch, denn Sie tun weder sich noch anderen etwas Gutes damit.

Werten Sie den nächsten Angriff einfach als Test, bei dem Sie herausfinden können, wie gut Sie darin sind, das Ihrige zu verteidigen und wertzuschätzen. Stellen Sie sich hin, beanspruchen Sie Ihren Raum!

Stehen Sie dazu, dass Sie Ihren Platz haben und ihn haben wollen. Stehen Sie für sich ein. Ziehen Sie eine klare Grenze. Und achten Sie darauf, dass diese Grenze respektiert wird. Wenn Sie sie nicht respektieren, wer sollte es dann tun? Fangen Sie damit an. Das ist nichts Verwerfliches, auch dann nicht, wenn man ein spiritueller Mensch ist.

Verinnerlichen Sie, dass Sie niemandem etwas wegnehmen, wenn Sie sie selbst sind. Kein anderes Wesen kann auf Dauer Ihren Platz einnehmen. Keiner ist wie Sie, nicht einmal ein Zwilling. Sie sind einzigartig. Jeder Mensch ist einzigartig. Andere können sich zwar auf Ihren Platz stellen, aber sie werden ihn nicht wirklich gut ausfüllen, denn es ist Ihr Platz. Sie haben ihn mit Ihrem Dasein hier auf der Erde als Geschenk mitbekommen. Besetzen Sie diesen Platz! Der erste Schritt dazu ist die Erdung, die Verwurzelung.

# Klassischer Auraschutz:
## Wächter und Symbole

Unverstanden von der Welt, abgelehnt von anderen, alleingelassen – dieses bittere und traurige Gefühl kennen gerade sensible Menschen nur zu gut. Versinken Sie nicht darin, sondern erinnern Sie sich an ein Urwissen Ihrer Seele: Es gibt in der geistigen Welt liebevolle Wesen, die uns begleiten. Engel und Krafttiere gehören dazu. Gerne eilen sie uns zu Hilfe, wenn wir sie fragen. Auch viele Gaben, die uns die Erde schenkt, dienen unserem Schutz und unserer Stärkung. Denken Sie nur an die feinen Energien, die Edelsteine, Blütenessenzen, Heilpflanzen und Symbole ausstrahlen.

Vielleicht hilft es Ihnen zu wissen, dass Sie nicht allein sind. Denn kein Mensch ist frei von Ängsten. Wenn wir wissen, wo unsere Ängste sitzen, können wir da ansetzen, um uns Unterstützung zu holen – von einem Engel, einem Symbol, einem Stein, einem Duft.

Überlegen Sie, welche Situationen es sind, die Ihnen Angst machen. Ist es die Angst, anderen Menschen gegenüberzutreten, vor anderen Menschen zu sprechen? Sind es Schwierigkeiten mit Kollegen, bei denen Sie sich nicht durchsetzen können? Dann ist ein Schutzstein wunderbar, den Sie in der Tasche tragen können. Sie fassen ihn zwischendurch kurz an, um sich neue Kraft zu holen. Oder ist es die Angst vor nächtlichen Albträumen? Dann hilft es, wenn Sie sich ein Symbol am Bett platzieren, ein Schutzzeichen, das große Ruhe und Kraft ausströmt und dem Sie vertrauen. Ist es eine allgemeine, schwer fassbare Unsicherheit, dann ist ein geistig wirksamer Schutz, wie die Begleitung von Engeln oder Krafttieren, wirkungsvoll.

Gehen Sie es ruhig spielerisch an, lassen Sie Ihrer Intuition freien Lauf. Wenn Sie ein Edelstein in seiner Farbe oder seiner Form anspricht, dann wählen Sie ihn als Ihren begleitenden Stein. Wenn Sie sich bei einem bestimmten Duft entspannen können, dann umgeben Sie sich damit. Wenn Sie spüren, dass sich beim Anblick eines ganz speziellen Symbols Ihr Herz öffnet, so zögern Sie nicht, und bestimmen Sie es als Ihr Schutzsymbol.

*Probieren Sie aus, was zu Ihnen passt.*

Es sollte sich gut anfühlen. Wenn Sie unsicher sind in Ihrer Wahl, verkrampfen Sie sich nicht. Machen Sie sich ruhig die Erfahrungen anderer Menschen zunutze, die über Generationen weitergegeben wurden.

Erinnern Sie sich daran: Je mehr Angst man hat, desto mehr Schutz braucht man. Nutzen Sie all die schönen Begleiter und Methoden, um sich zu schützen. Bleiben Sie sich aber dessen bewusst, dass Ihr Ziel sein sollte, Ihre Angst zu überwinden, sodass Sie letztlich keinen Schutz mehr nötig haben. Nutzen Sie die Schutzmethoden nur, um sich erst einmal aufzubauen und zu stärken, um der Welt überhaupt erhobenen Hauptes gegenüberzutreten.

## Von Engeln begleitet

Wenn Sie sich nach himmlischem Schutz sehnen und sich von Engeln angesprochen fühlen, dann grübeln Sie erst gar nicht lange darüber nach, ob es Engel tatsächlich gibt.

*Gehen Sie einfach davon aus,
dass es so ist, weil Sie es so fühlen.*

Mit der Zeit werden Sie es wahrnehmen, wenn Engel im Raum sind: Freude und Licht erfüllt diesen Raum. Die Atmosphäre ist unendlich friedlich. Doch auch wenn Sie Engel noch nicht direkt spüren, so können Sie doch mit ihnen reden, laut oder in Gedanken.

Bitten Sie einen Engel, dass er Sie auf Ihren Wegen begleitet. Bitten Sie ihn, dass er Ihnen bei einem schwierigen Gang zur Seite steht, Sie bei der kommenden Herausforderung unterstützt.

Wenn Sie ein Problem mit einem ganz bestimmten Menschen haben, dann bitten Sie Ihren Engel, dass er Ihnen nicht nur zur Seite steht, sondern dass er sich bei der nächsten Begegnung zwischen Sie und diesen Menschen stellt. Die Gefahr, dass Ihnen Ihr Gegenüber schaden könnte, ist damit gebannt.

Engel sind für Sie da, wenn es kritisch wird. Sie lassen es nicht zu, dass Ihnen Ihre Kraft weggenommen wird. Sie müssen sie allerdings darum bitten, denn als Menschen haben wir schließlich unseren freien Willen, über den sich auch ein Engel nicht hinwegsetzt.

Danken Sie Ihrem Engel immer wieder für seinen Beistand. Und wissen Sie: Er freut sich mit Ihnen, wenn Ihnen Ihr Vorhaben gelungen ist.

# Mit Krafttieren spazieren

Nun gibt es jedoch Menschen, die besonders aggressiv und fordernd wirken. Wenn Sie mit solchen Typen zu tun haben, ist es oftmals noch eindrücklicher, wenn Sie sich nicht nur von einem Engel, sondern auch von einem Krafttier begleiten lassen. Gerade die sehr erdverbundenen, materiell orientierten Menschen reagieren stark auf Krafttiere und zucken unwillkürlich zurück, wenn sie unerwartet einem solch unsichtbaren Wesen gegenüberstehen. Probieren Sie es aus! Wenn Sie als sensibler Mensch bekannt sind, wissen andere, dass Sie stets sanft und nachgiebig sind, und erlauben sich häufig zu viel, das heißt, sie überschreiten Ihre Grenze. Ihr Krafttier hilft Ihnen nun, Ihre Grenze zu schützen. Erlauben Sie sich, Ihre Grenze zu schützen, und beauftragen Sie Ihr Krafttier, diese Aufgabe für Sie zu übernehmen.

Einer uralten schamanischen Überlieferung zufolge gibt es für jeden das richtige Tier. Sie können Ihr Tier in einer Meditation oder auf einer schamanischen Reise finden. Sie dürfen sich aber auch einfach eines aussuchen. Überlegen Sie, welches Ihr Tier sein könnte. Schließen Sie kurz die Augen, und lauschen Sie in sich hinein. Was kommt Ihnen spontan in den Sinn – ein Bär, ein Wolf, ein Löwe, ein Elefant? Begrüßen Sie es, und bedanken Sie sich bei ihm, dass es da ist. Machen Sie sich mit seinen Eigenschaften vertraut, nehmen Sie seine Ausstrahlung wahr. Bitten Sie es, Sie zu begleiten.

Dann achten Sie auf die oftmals irritierten Reaktionen Ihrer Mitmenschen.

*Mit einem Krafttier an der Seite haben Sie bewusst die Schiene des Opfers verlassen.*

Sie haben sich dafür entschieden, Ihre Energie für sich selbst zu nutzen und sie nicht mehr ungehemmt abfließen zu lassen, wo auch immer Sie angezapft werden. Ein Krafttier flößt dem Unterbewusstsein der anderen Achtung ein. Sie müssen einfach auf eine neue Weise auf Sie reagieren – ohne dass Sie auch nur einen Deut im Außen geändert haben.

# Bachblüten für die Aura

Um dem Problem des mangelnden Schutzes auf der unbewussten Ebene beizukommen, haben sich Bachblüten als hervorragendes Hilfsmittel erwiesen. Die Blütenessenzen, die der englische Arzt Edward Bach vor etwa hundert Jahren entwickelt hat, wirken in sehr tiefen Schichten der Persönlichkeit. Sensible Menschen sprechen in der Regel gut darauf an. Inzwischen gibt es weitere Blütenessenzen, die ebenfalls sehr wirkungsvoll sind. Das Schöne an diesen Essenzen ist, dass man nichts falsch machen kann. Nimmt man ein paar Tropfen einer Blütenessenz ein, die der Organismus nicht braucht, dann bleibt deren Gabe wirkungslos. Sie können also ganz nach Gefühl vorgehen.

Im Hinblick auf den Auraschutz haben sich die klassischen Bachblüten »Centaury« und »Mimulus« bewährt, aber auch »Willow« und »Water Violet« sind äußerst hilfreich.

»Mimulus«, die Gauklerblume, jedoch ist wie gemacht für übervorsichtige und extrem empfindsame Wesen, die von diversen Ängste beherrscht werden – vor anderen Menschen, vor Krankheiten, vor Tieren, vor dem Leben selbst. »Mimulus« hilft diesen Menschen, stabiler zu werden. Sie lernen, dass ihre Sensibilität etwas Kostbares ist, dass sie viel Freiraum zur Erholung brauchen, dass sie aber dennoch viel Kraft in sich tragen. Mit »Mimulus« vertrauen sie ihrer Kraft Stück für Stück mehr.

»Centaury«, das Tausendgüldenkraut, ist für Menschen gedacht, die einen schwach ausgeprägten eigenen Willen haben und fremdbestimmt durchs Leben laufen. Sie spüren unmittelbar, was andere wollen und brauchen, und halten dies für wichtiger als ihre eigenen Wünsche. Allzu leicht lassen sie sich ausnutzen. Gerade deshalb treffen sie auffallend oft auf Menschen, die sich sehr gut durchsetzen können – handelt es sich doch um dieselbe Energie, nur um den entgegengesetzten Pol. Solche selbstbewussten Menschen können Eltern, Lehrer oder Vorgesetzte sein, aber auch Kollegen, Freunde oder Nachbarn. Von denen werden Centaury-Charaktere ausgelaugt und gar als seelische Mülleimer benutzt. Doch das muss nicht so bleiben. Jeder darf sich verändern, immer. Mithilfe dieser Bachblüte schaffen sie es, sich klarer von anderen abzugrenzen. Sie können die eigenen Bedürfnisse deutlicher wahrnehmen. Auch erkennen sie die Motive der anderen immer besser, wenn diese sie um etwas bitten. Sie nehmen sich das Recht, ihre Energie zu schützen und für sich selbst einzutreten.

»Water Violet«, die Sumpfwasserfeder, wirkt insbesondere auf Menschen, denen es schwerfällt, echte Nähe zuzulassen. Sie wirken immer irgendwie isoliert. Öffnen sie sich dennoch einmal für andere, werden sie sofort als seelischer Ratgeber ausgenutzt und fühlen sich danach unendlich ausgelaugt. »Water Violet« verhilft ihnen zu mehr Ausgeglichenheit und einem stabilen Selbstwertgefühl. Ein gesunder Kontakt zu anderen Menschen wird möglich.

Auch die Bachblüte »Willow«, die gelbe Weide, kann wertvolle Unterstützung bieten. Sie eignet sich für Menschen, die sich aufgrund jahrelangen Ausgenutztwerdens verbittert fühlen und einen Groll im Herzen hegen. Mit »Willow« schaffen sie es, sich schließlich als Meister statt als Opfer ihres Schicksals zu fühlen. Sie erkennen, dass das Gesetz von Ursache und Wirkung gerade auch in ihrem eigenen Leben bedeutsam ist. Es macht ihnen Freude, neue Ursachen zu setzen, um schließlich schönere Wirkungen erzielen zu können.

*Von einer Veränderung hin in Richtung starke Persönlichkeit profitieren letztlich alle.*

Daher kann es zwar anfangs erstaunte Reaktionen geben, wenn man sich anders verhält, als es die Mitmenschen gewohnt waren, doch der Respekt wird unbedingt kommen und damit ehrliche Anerkennung. Oder auch Ablehnung, aber das macht einem ja dann nichts mehr aus, wie man selbst mit Vergnügen feststellt.

# Eine Duftwolke in der Aura

Mit Parfüm machen es die meisten Menschen unbewusst täglich: Sie reichern ihre Aura mit Duft an. Damit umgeben sie sich mit einer unsichtbaren Schicht, die sich zwischen ihnen und den anderen aufbaut. Den Kompositionen »großer Nasen« zu vertrauen ist nicht verkehrt, doch können Sie auch Ihre eigenen Düfte kreieren. Wählen Sie Ihren Lieblingsduft, oder wählen Sie einen Duft, der einen stabilen Auraschutz verspricht.

Herausragend ist hier das Angelika-Öl. Es ist die Duftessenz von Engelwurz, einer Pflanze, die starke Heilkräfte in sich trägt. Sie soll mit der Energie von Erzengeln verbunden sein. Dieses Öl erdet, es beruhigt die Nerven und fördert die innere Sicherheit.

Für besonders empfindsame Menschen ist der Duft der Mimose eine echte Wohltat. Die Pflanze gilt immerhin als Sinnbild ihrer selbst – ein feines, sensibles Wesen. Das blumige Duftöl der Mimose stabilisiert und gleicht Stimmungsschwankungen aus.

Erdig und holzig ist der Duft von Süßgras, dem Vetiver. Es holt abgehobene Menschen zurück auf die Erde und hilft ihnen beim Regenerieren. Ohne Angst vor Verletzungen erlauben sie es sich, Gefühle wieder zuzulassen. Vetiver entspannt auf allen Ebenen.

Unter den Düften, die es im Handel gibt, ist die Auswahl beinahe unendlich groß. Folgen Sie Ihre Nase! Geben Sie einige Tropfen in Ihr Duftlämpchen, und hüllen Sie so Ihren ganzen Raum mit Ihrem schützenden Duft ein. Wenn Sie unterwegs sind, träufeln Sie einfach einen Tropfen auf jedes Handgelenk oder auf den Solarplexus.

## Kraftsteine als sichtbare Zeichen

Möchten Sie Ihren Schutz sichtbar machen, dann suchen Sie sich einen eigenen Kraftstein. Das kann ein Stein aus der Natur sein, den Sie bei einem Spaziergang auflesen. Es kann aber auch ein Edelstein sein, der besondere Schutzkräfte in sich trägt.

*Steine wirken durch ihre Form, ihre Farbe und ihre Kristallstruktur.*

Ein klassischer Schutzstein ist der Achat. Er stärkt die Selbstheilungskräfte und schützt vor negativen Einflüssen aller Art. Achate werden oft gefärbt und gebrannt, was eine Kunst für sich ist. Doch auch ohne dies sind sie in schönen Farbschattierungen erhältlich.

In unterschiedlichen Farbtönen ist auch der Jaspis zu haben – von gelb über rot bis hin zu grün und grau reicht die Palette. Der Jaspis soll die Willenskraft stärken und eine gute Verbindung zwischen Körper und Geist herstellen. Auch vermag er negative Kräfte aufzunehmen. Er sollte daher öfters gereinigt werden.

Um das Selbstvertrauen zu stärken, ist der Sodalith ein guter Stein. Seine tiefblaue Farbe mit den weiß-grauen Einschlüssen macht ihn attraktiv. Alte Denkmuster lassen sich mit einem Sodalith leichter lösen und durch neue ersetzen. Er schenkt Vertrauen und fördert die Stabilität.

Auch schwarze Steine wie der Onyx und der Schneeflockenobsidian stehen für Stärke und Standfestigkeit. Der Onyx schützt vor negativen Einflüssen und verleiht Widerstandskraft. Um den Solarplexus zu stärken, kann er immer wieder einmal aufgelegt werden, etwa bei einer Meditation. Außerordentlich kraftvoll wirkt der Schneeflockenobsidian. Er schafft es, uns von Höhenflügen wieder zurück auf die Erde zu bringen und unsere Schattenseiten aufzuhellen. Tagträumer finden mit ihm leichter ihre Ziele und bleiben beharrlich dabei, sie zu verwirklichen.

Ein Schmuckstück aus einem Edelstein, etwa ein Anhänger, den Sie um den Hals tragen, macht Ihren Schutz für andere unauffällig. Sie können Ihren Stein aber auch als Handschmeichler in der Hosentasche tragen oder ihn vor sich auf Ihrem Tisch platzieren. Wenn Sie ihn nicht am Körper tragen, nehmen Sie ihn einfach immer wieder in die Hand, um seine Kraft zu spüren. Reinigen Sie Ihren Stein mit Wasser, Salz oder Sonnenlicht, wenn Sie das Gefühl haben, er brauche eine Ent- und Aufladung. Sehr wirkungsvoll ist es auch, ihn über Nacht in eine Amethystdruse zu legen und danach noch einige Stunden in eine Schale mit Trommelsteinen aus Bergkristall.

# Wirkungsvoller Schutz seit Urzeiten: Symbole

Einen ausgezeichneten Schutz bieten Symbole oder auch Schmuck, der in Symbolform gearbeitet ist. Schon seit Urzeiten verwenden die Menschen Symbole, um sich Kraft und Schutz zu holen. Es ist ganz egal, in welche Kultur oder in welches Zeitalter man schaut: Amulette und Talismane waren immer präsent.

Machen auch Sie sich die magische Kraft von Symbolen zunutze! Spüren Sie, welches Symbol Ihnen guttut. Die Auswahl ist vielfältig.

*Für jeden gibt es ein Zeichen, das ihm augenblicklich Ruhe schenkt. Sie werden Ihres finden.*

Unverfänglich sind geometrische Zeichen wie der Kreis oder das Dreieck. Auch Gaben der Natur lassen sich wunderbar als Schutzzeichen einsetzen – wie etwa ein Stück Eichenrinde oder eine Nuss. Viele Menschen wünschen sich aber Symbole, die eindeutig auf Schutz hinweisen. Das ist jedoch sehr individuell. Denn was dem einen Schutz verspricht, mag den anderen ängstigen. Denken Sie nur an die Figur eines Löwen – für den einen das Sinnbild von Kraft und Macht schlechthin, für den anderen ein Zeichen höchster Gefahr.

Das Kreuz ist in unserem christlichen Kulturkreis fest verankert, weil es uns mit der strahlenden Christusenergie verbindet. Seit zweitausend Jahren wird es als Schutzsymbol verehrt und ist daher stark mit Heil- und Schutzenergie aufgeladen. Auch andere Zeichen wie Schutzsymbole aus anderen Glaubensrichtungen, Runen oder Reiki-Symbole haben eine kraftvolle Schutzwirkung. Sie selbst sollten aber einen unverkrampften Bezug dazu haben – das gilt generell für die

Arbeit mit Symbolen. In diesem Bereich gilt es, ganz besonders auf das eigene Gespür zu achten. Hängen Sie sich keine Schutzkette um, die Sie persönlich nicht wirklich anspricht. Ihr Energiesystem ist immer der wichtigste Maßstab.

Symbole haben grundsätzlich eine Eigendynamik und wirken auch für sich. Doch wenn Sie selbst auch noch das Empfinden von »Schutz« haben, dann verstärken Sie damit die Wirkung, das Symbol präsentiert sich umso kraftvoller. Noch wichtiger als das Zeichen selbst ist also die Absicht, die dahintersteckt – der Wunsch und der Wille, Schutz zu erhalten.

## Zeichen aufmalen, Zeichen vorstellen

Haben Sie keinen Schmuck in Symbolform zur Verfügung, können Sie sich Ihr Schutzzeichen auch einfach auf die Haut malen. Besorgen Sie sich einen wasserlöslichen Filzstift, wenn Sie das Zeichen beim nächsten Duschen wieder loswerden wollen. Ein wasserfester Filzstift hält naturgemäß länger, die Signatur verblasst nur langsam.

Besonders wirkungsvoll ist es, sich ein Zeichen auf den Solarplexus zu malen. Hierbei handelt es sich um das dritte Chakra, das Nabelchakra. Es sitzt, wie der Name schon sagt, knapp oberhalb des Nabels. Dieses Chakra gilt als Sitz der Emotionen und als Sitz von Macht und Ohnmacht. An diesem Punkt können Energien angezapft werden, es kann manipuliert werden. Daher gilt es, dieses dritte Chakra ganz besonders gut zu schützen. Auf diesen Punkt am Oberbauch malen Sie nun Ihr Schutzzeichen auf. Ein einfaches Symbol, wie etwa ein Stern oder ein Kreuz, reicht aus.

Was aber, wenn Sie vergessen haben, Ihr Symbol aufzumalen, und unterwegs keine Möglichkeit dazu haben? Dann heißen Sie diese Gelegenheit willkommen, um Ihre Vorstellungskraft zu trainieren. Im Grunde sind wir doch alle unabhängig von äußeren Zeichen und Hilfsmitteln.

*In unserem Geist liegt
die eigentliche Kraft.*

Sollten Sie also unverhofft einem schwierigen Menschen gegenüberstehen, oder geraten Sie in eine auslaugende Situation, und Ihr Schutzsymbol ist nicht bei Ihnen, dann benutzen Sie Ihre Fantasie. Stellen Sie sich vor, dass Ihr Symbol kraftvoll und leuchtend zwischen Ihnen und dem Menschen, mit dem Sie gerade zu tun haben, steht bzw. dass das Symbol vor Ihnen steht. Gut eignet sich hierfür ein Lichtschild – ein Schild wie ihn die alten Ritter trugen, aber eben aus Licht. Auch ein Kreuz, das Sie sich wie eine Gürtelschnalle über dem Solarplexus vorstellen, ist höchst wirkungsvoll.

So können Sie beschützt in die als ungut empfundene Situation hineingehen. Ein friedlicher Kontakt ist möglich. Der Umgang mit allem, was auf Sie zukommt, wird leichter. Und Ihre Energie bleibt da, wo sie hingehört, nämlich bei Ihnen.

Der Vorteil bei der rein geistigen Vorstellung ist, dass Sie sich damit von Gegenständen unabhängig machen. Sie werden freier und müssen nicht daran denken, einen bestimmten Stein mitzunehmen oder ein Symbol aufzumalen, wenn Sie unterwegs sind. Für den Anfang ist es allerdings doch hilfreich, etwas in der Hand zu haben, etwas anschauen und anfassen zu können oder es zumindest sehen zu können. In einer Schrecksekunde greift man schnell einmal zu einem Anhänger, den man um den Hals trägt, oder zu einem Stein in der Hosentasche, oder man nimmt das Zeichen wahr, das man auf der Haut trägt und verbindet sich mit der jeweiligen Schutzkraft. Das macht sofort ruhiger und gelassener. Später, wenn Sie geübter sind, wird die Vorstellungskraft mit Sicherheit ausreichen.

# Ein Zeichen wird zum Talisman

Manchmal wird auch ein ganz profaner Gegenstand zum Symbol, zum Talisman. Der »Zufall« könnte es zum Beispiel so einrichten: An einem Tag, an dem Sie sich besonders mies fühlen, finden Sie ein kleines Werbegeschenk in der Post. Es ist ein kleiner Anhänger mit dem Smiley-Zeichen darauf. Sie freuen sich über das kleine Geschenk. Unwillkürlich lächeln Sie und finden Ihren Tag nicht mehr ganz so schlimm. Als Sie etwas später aus dem Haus müssen, stecken Sie den Anhänger in Ihre Jackentasche. Unterwegs treffen Sie auf einen Menschen, mit dem Sie noch ein Hühnchen zu rupfen haben. Sie spüren den lachenden Anhänger in Ihrer Tasche. Diesmal gehen Sie völlig gelassen auf Ihren Konkurrenten zu und können spontan wichtige Fragen klären. Über sich selbst erstaunt setzen Sie Ihren Weg fort. Ihr kleiner Glücksbringer bleibt nun bei Ihnen, auch wenn es nur ein Plastikanhänger ist.

Oder: Sie wälzen seit Monaten ein ungelöstes Problem. Sie wissen keine Lösung. Eines Tages gehen Sie spazieren, und wieder kreisen Ihre Gedanken nur um dieses eine Problem. Sie bitten um Hilfe, um göttlichen Beistand. Just in diesem Moment fällt Ihr Blick auf einen Stein, der am Wegesrand liegt. Einer mit besonderer Maserung, interessanter Färbung oder ungewöhnlicher Form. Irgendwie scheint er sich von allen anderen Steinen zu unterscheiden. Sie heben ihn auf. Denn er erscheint Ihnen wie ein Versprechen, dass Sie nicht allein sind, dass die Lösung kommen wird.

Später, als Sie dieses Problem schon lange hinter sich gelassen haben, einen völlig neuen Weg eingeschlagen haben, möchten Sie sich von diesem Stein trotzdem nicht trennen. Denn er hat Ihnen ja schon einmal Glück gebracht, hat Sie verbunden mit einer anderen, einer stärkeren Kraft.

Sie haben Ihren Talisman gefunden.

*Er wird Sie immer daran erinnern, dass es für alles eine Lösung gibt, dass keine Situation ewig bleibt, wie sie ist, dass sich irgendwann auch der verworrenste Knoten auflöst.*

# Geistiger Schutz:
## Lichtkreis und Schutzmantel

Zu den wichtigsten feinstofflichen Energiezentren des Körpers zählen die Chakren – sieben Energiewirbel, die entlang der Wirbelsäule aufgereiht sind, vom Wurzelchakra bis hin zum Kronenchakra. Ihre Entsprechung im körperlichen Bereich finden wir in den Drüsen, die wesentliche Funktionen im Ablauf steuern. Neben den sieben Hauptchakren lassen sich noch weitere Chakren finden, wie über dem Kopf oder an den Hand- oder Fußflächen. Jedes Chakra hat seine besondere Bedeutung für die körperliche, geistige und seelische Gesundheit eines Menschen. Sie sollten alle gut funktionieren und strahlen, damit wir uns wohlfühlen.

Im Zusammenhang mit dem Energieschutz ist vor allem das dritte Chakra der sieben Hauptchakren interessant. Es wird auch Sonnengeflecht oder Solarplexus genannt oder, bedingt durch seinen Sitz oberhalb des Nabels, auch Nabelchakra. Ein gut funktionierendes drittes Chakra sorgt für ein stabiles Selbstwertgefühl und für ein ausgeglichenes Gefühlsleben.

*Ein gutes Bauchgefühl lässt uns klare Entscheidungen treffen.*

Aber: Genau an diesem Punkt sind auch Manipulation und Kontrolle möglich, an diesem Punkt können andere Menschen »andocken«. Das ist dann der Fall, wenn der Solarplexus eben nicht gut in Form ist, ungeschützt und angreifbar.

Gerade sensible Menschen lassen sich dann regelrecht »erwischen«. Aufgrund ihrer großen Hingabebereitschaft öffnen sie ihr ganzes Wesen. Sie gehen voller Vertrauen auf andere zu und wollen Gefühle und Informationen aufnehmen. Das gelingt zwar, aber sie fangen sich dabei noch etwas Ungutes mit ein: Die Verbindungen nämlich, die über den Solarplexus aufgebaut werden, sind selten freiwilliger Natur. Fast immer kann man davon ausgehen, dass das Thema Macht eine große Rolle spielt. Einer ist Täter, der andere ist Opfer. Sensible Menschen neigen dazu, die Opferrolle zu wählen, unbewusst versteht sich.

Eine ausgeglichene, liebevolle Beziehung baut sich immer über das Herzchakra auf. Das Nabelchakra jedoch sollte geschützt werden.

Meist sind die Chakren offen. Sie müssen es auch sein, um kraftvoll arbeiten zu können. Sie schließen sich nur, wenn sich der Mensch zurückzieht, um einmal durchzuatmen und so ganz bei sich selbst zu sein. Dieses Öffnen und Schließen geschieht in der Regel automatisch, und wir können uns dabei auf die Weisheit unseres Unterbewusstseins verlassen. In Phasen aber, in denen wir besonders empfindsam sind, wie in einer Umbruchphase oder in einer angespannten Situation, empfiehlt es sich, diese Vorgänge bewusst zu steuern. Gerade im Umgang mit sehr fordernden Menschen hat sich das Verschließen des Nabelchakras unbedingt bewährt.

## Übung

*Dazu stellen Sie sich Ihre Chakren wie Blütenkelche vor. Das dritte Chakra sieht aus wie eine Lotosblüte mit zehn Blütenblättern. Die Blüte ist weit geöffnet und dreht sich. Dadurch wirkt sie wie ein Trichter, der Energie aufnehmen und abgeben kann. Stellen Sie sich nun vor, dass Sie die Blütenblätter schließen, wie eine Blume, die abends zumacht. Es ist eine ganz einfache Vorstellung. Wenn Sie das nächste Mal vor einer Begegnung mit einem Menschen stehen, dessen Manipulation oder Macht Sie fürchten, dann schließen Sie den Blütenkelch Ihres Solarplexus. Schließen Sie dieses Chakra am besten gleich mit dem Auftrag, sich nach der Begegnung wieder zu öffnen, dann brauchen Sie nicht extra daran zu denken. Sollten Sie das doch vergessen, können Sie jedoch darauf vertrauen, dass Ihr System weise genug ist, sich nach einiger Zeit selbst wieder zu regulieren, insbesondere wenn kein neuer Auftrag zum »Zumachen« folgt.*

*Spüren Sie kurz nach, wie sich das geschlossene Chakra nun anfühlt. Spüren Sie auch in Ihr Herzchakra hinein, um sicherzugehen, dass es offen ist. Aus dem Herzen strömt die Liebe, und die soll frei fließen dürfen. Kontrolle und Macht aber brauchen Sie niemandem über sich zu erlauben.*

*Fällt Ihnen die Vorstellung schwer, den Blütenkelch Ihres dritten Chakras zu öffnen oder zu schließen, können Sie sich auch ein Lichtkissen vorstellen, das vor Ihrem Solarplexus sitzt. Es wirkt wie ein Filter und lässt nur freundliche Energien durch. Für manipulative und schädliche Energien ist dieses Kissen aus Licht undurchdringlich.*

*Wenn Sie das Gefühl haben, dass Sie nicht nur am dritten Chakra angreifbar sind, sondern dass Ihr gesamtes Wesen eine viel zu durchlässige und empfindsame Aura hat, sollten Sie sich komplett in Licht hüllen.*

Es gibt Menschen, die Einflüsse aus der Umgebung wie ein Schwamm aufnehmen. Andere würden eine krittelnde Bemerkung glatt an sich abprallen lassen, doch sehr sensible und schutzlose Wesen können das nicht. Sie lassen sich sofort tief treffen, fühlen sich verletzt und gekränkt. Ihnen fehlt die schützende Hülle. Doch gerade diese übergroße Empfindsamkeit ist auch ein Vorteil. Solche Menschen können sehr gut lernen, einen wirkungsvollen Auraschutz aufzubauen. Intuitiv wissen sie um die Wirkung von feinstofflichen Bereichen und Energiefeldern. Sie müssen es nur noch üben.

*Übung:*

*Haben sich ungute energetische Verbindungen zwischen Ihnen und anderen Menschen bereits aufgebaut, dann trennen Sie diese. Eine schnelle und uralte Möglichkeit, um fremde Energien abzustreifen, ist das Händewaschen und Duschen.*

*Mit fließendem Wasser kann man sich von Anhaftungen der leichten Art gut reinigen. Eine ähnlich leichte und reinigende Energie hat auch der Wind – das heißt, man könnte sich auch in den Wind stellen und sich regelrecht freiblasen lassen.*

Gerade nach einem Aufenthalt unter sehr vielen Menschen, wie beim Einkaufen oder auf einer Veranstaltung, spüren sensible Menschen die unendlich vielen Kontaktversuche. Das kann sich anfühlen wie viele winzige Nadelstiche, nicht unbedingt schmerzhaft, aber dennoch unangenehm. Diese Art der Verbindungen gehen meist nicht unter die Haut und sind daher auch leicht zu trennen. Wind und Wasser helfen dabei.

Besteht die belastende Energieverbindung zwischen Ihnen und einem bestimmten Menschen, geht sie deutlich tiefer, dann wirkt eine bewusst ausgeführte Energietrennung wahre Wunder.

## Übung:

*Eine energisch ausgeführte Handbewegung mit der Absicht, die Energieschnüre zu trennen, ist eine einfache, aber höchst wirksame Methode. Führen Sie dazu Ihre flache Hand in einer raschen Bewegung vor Ihrem Solarplexus von oben nach unten, und stellen Sie sich vor, wie Sie dabei diese unsichtbare Bindung durchtrennen. Machen Sie einen entschiedenen Schnitt! Danach schützen Sie Ihren Solarplexus, zum Beispiel mit einem Lichtkissen.*

Eine ungute Bindung kann sich übrigens auch zwischen Menschen aufbauen, die einander im Grunde lieben, wie in Partnerschaften, Familien und Freundschaften. Die Freundlichkeit und Herzenswärme strömt dann nicht rein von einem zum anderen, sondern wird von zu vielen Ängsten und Sorgen begleitet. Daraus können Abhängigkeiten entstehen. Schließlich fühlt sich einer von beiden so stark behindert und eingeengt, dass er nur noch ausbrechen will. Unwillkürlich reagiert er aggressiv oder mit Zurückweisung, um dadurch ein wenig Freiraum zu bekommen. Der Mangel an Liebe ist nicht die Ursache, sondern ein Übermaß an Kontrolle. Auch hier ist eine Energietrennung ungemein hilfreich und klärend. Der Zwang ist weg, und die Liebe kann wieder frei fließen.

In sehr belasteten Beziehungen empfiehlt sich nicht nur eine Energietrennung, sondern auch ein Energieaustausch. Dazu stellen Sie sich vor, dass Sie alles, was Sie von diesem Menschen aufgeladen haben, an ihn zurückgeben.

## Übung:

*Verpacken Sie in Ihrer Vorstellung ein oder mehrere Päckchen, und übergeben Sie diese Ihrem Schutzengel, oder senden Sie sie einfach nach oben in die göttliche Welt. Hier werden sie gereinigt, das heißt von niederen Emotionen befreit, und an den Absender zurückgegeben. Dieser hat dann die Möglichkeit, seine ursprünglichen Absichten geklärt wahrzunehmen und daran zu wachsen. Sie selbst sind frei.*

Ein direktes Zurücksenden empfiehlt sich nicht, weil dabei meist ungewollt Botschaften von Verletzung, Schmerz und Wut oder anderen belastenden Gefühlen mitgeschickt werden. Wichtig ist aber, nur das zurückzuschicken, was zum anderen gehört. Wenn Sie jetzt wieder Eigenes hinzufügen, baut sich erneut ein Kreislauf auf, der schwer zu stoppen ist. Beim Zurückschicken auf dem Weg über die geistige Welt können Sie sich sicher sein, dass aufbauschende, negative Botschaften davon fern bleiben und der andere tatsächlich nur »Seines« erhält.

*Sie können auch darum bitten, dass Sie Ihre Energie wieder zurückbekommen, also die Anteile, die Sie weggeben oder verloren haben, die Ihnen geraubt wurden. Sie können sich diese Energieteilchen in Ihrer Vorstellung ebenfalls in Päckchen verpackt zurückschicken lassen. Sie können sie aber auch mit weit ausholenden Armbewegungen zu sich herholen. Auch nach solch einem Energieaustausch ist es wichtig, einen schönen Auraschutz aufzubauen.*

*Schon allein die Vorstellung, eine schützende Hülle um sich zu ziehen, kann helfen. Visualisieren Sie dazu ein Feld aus violettem Licht, das Sie komplett umgibt. Lassen Sie sich von Licht umfließen. Fühlen Sie sich darin geborgen wie in einem großen, weiten Mantel oder wie in einem Ei, das Ihnen Geborgenheit schenkt.*

*Stark wirksam ist es auch, einen hellen Lichtkreis um sich aufzubauen. Ziehen Sie in Ihrer Vorstellung einen leuchtenden Schutzkreis um sich herum. Wissen Sie, dass Sie dieser Lichtkreis umgibt, egal wo Sie sich gerade aufhalten. Er ist wie ein magischer Kreis, der Sie schlagartig unangreifbar macht. Diese energetische Grenze kann keiner ohne Ihre Erlaubnis überschreiten.*

Weder das geschlossene Nabelchakra noch das Lichtkissen, weder die Schutzhülle noch den Lichtkreis kann eine fremde Energie durchdringen, wenn Sie das nicht erlauben. Wählen Sie die Vorstellung, die Sie am meisten anspricht. Werden Sie auch selbst kreativ, und vertrauen Sie auf Ihr Gespür: Als sensibler Mensch werden Sie das Richtige für sich erkennen und auswählen.

# Die Sprache des Körpers einsetzen

Die Sprache des Körpers zu verstehen oder gar zu erlernen halten viele Menschen für kompliziert. Manche denken gar, sie verfälschten damit ihr Wesen. Das stimmt so nicht. Denn was wir automatisch mit der Körpersprache ausstrahlen, haben wir uns schließlich auch eines Tages unbewusst antrainiert. Wenn Sie also feststellen, dass Ihnen Ihre antrainierte Körpersprache eher schadet als nutzt, was hindert Sie, ein wenig an Ihrem Ausdruck zu feilen?

Gerade wenn es um den Selbstschutz geht, reagieren die meisten Menschen automatisch. Sie schützen sich, indem sie ihre Arme verschränken oder die Beine übereinanderschlagen. In der Körpersprache ist dies ein eindeutiges Zeichen, dass jemand »zumacht«. Und es wirkt.

Oftmals wird solch ein Verschließen eher negativ gewertet, weil es natürlich auch mangelnde Offenheit bedeutet, doch im Beisein von manipulativen Menschen ist es immerhin ein Minimalschutz, der hier eben nicht aus Feindseligkeit oder Desinteresse, sondern aus Gründen des Selbstschutzes benutzt wird.

Die Körpersprache verrät fast alles: Gehemmt oder offen, ängstlich oder fordernd, unsicher oder anmaßend – wie wir uns fühlen, das müssen wir gar nicht aussprechen, das zeigen wir bereits mit unserer Haltung und unseren Gesten. Und zwar nicht nur den Menschen, die im Lesen dieser Kunst kundig sind. Allein das, was unser Unterbewusstsein auffängt, reicht in der Regel aus, um zu entscheiden, ob wir einen Menschen sympathisch finden, ihn ablehnen oder gar Angst vor ihm haben. Die ersten paar Sekunden des Kontakts entscheiden darüber. Wir wirken eben als Ganzes – durch unseren Gesichtsausdruck, unsere Haltung, unseren Geruch und erst später durch unsere Worte. Diese Fülle an Informationen, die ankommt, im Einzelnen zu bewerten, würde viel zu viel Zeit erfordern. Ein vernünftiges und flüssiges Gespräch wäre dabei gar nicht möglich. So ist es durchaus sinnvoll eingerichtet, dass die Einschätzung des Gegenübers wie ein Programm im Hintergrund abläuft, ohne dass unser denkender Verstand dafür eingeschaltet sein müsste.

Wir brauchen also gar nicht zu sprechen, um etwas zu sagen – gemeint ist, wir strahlen etwas aus, auch ohne Worte.

*Wir wirken, und zwar immer,*
*ob wir reden oder schweigen,*
*ob wir es wollen oder nicht.*

In Schauspielschulen wird geübt, allein durch die Körperhaltung Gefühle auszudrücken. Das funktioniert. Selbst Laien gelingt es meist problemlos, zumindest die ganz heftigen Gefühle darzustellen.

*Übung:*

*Versuchen Sie, einmal zornig dazustehen und dann liebevoll zu wirken, einmal ängstlich und dann wieder fröhlich. Machen Sie diese kleinen Übungen vor dem Spiegel. Oder tun Sie sich zusammen, zu zweit oder in einer Gruppe, und lassen Sie die anderen raten. Sie werden erstaunt sein, wie gut auch Laien verstehen, wie es dem anderen geht, ohne dass er spricht, nur weil er seine Haltung verändert.*

Machen Sie sich dann bewusst, dass es diese Informationen sind, die Sie neben den Worten immer auffangen und auch selbst weitergeben. Die Körperhaltung wird eben stets mit wahrgenommen und fließt in die Beurteilung mit ein – in der Regel ohne dass dies gewollt ist. Was Sie mit Ihrem Körper sagen, kann die Bedeutung Ihrer Worte verändern.

Deshalb ist es auch so schwer, wiederzugeben, was ein anderer erzählt hat. Meist ist es, abgesehen von kurzen Aussprüchen, auch gar nicht möglich, eine längere Diskussion auswendig und wortwörtlich zu wiederholen. Und selbst wenn, hieße das noch lange nicht, dass man auch den originalen Tonfall träfe und die Körperhaltung nachahmen könnte. In der Regel gibt man ein Gespräch also so wieder, wie man selbst es verstanden hat. Dabei spielen die unbewusst aufgenommenen Signale eine große Rolle. Wie kam der Inhalt an, das ist es doch, was zählt. Daraus aber entstehen die meisten Konflikte.

Kennen Sie Zwiegespräche dieser Art: »Das habe ich nicht gesagt.« – »Aber ich habe es so verstanden.« Wer hat recht? Irgendwie beide. Direkt gesagt wurde bei Weitem nicht alles, aber ausgedrückt eben doch. Der Zuhörer hat weitaus mehr aufgefasst, als der andere tatsächlich mit Worten gesagt hat. Vielleicht wollte der Sprecher gar nicht so viel verraten, wollte sich lieber bedeckt halten, aber seine Haltung ließ seine eigentlichen Gefühle zu seinem aufmerksamen Gegenüber hinüberschwingen.

Der Körper spricht eine deutliche Sprache. Ist Ihr Nein wirklich ein Nein? Und ist Ihr Ja auch ein Ja oder doch nur ein Vielleicht? Die Körperhaltung bringt es zum Ausdruck. Wenn Sie Ja sagen und Nein meinen, werden andere die Ablehnung, die dahintersteckt, den leisen Unwillen spüren. Wenn sie, wie eben die meisten Menschen, nicht gelernt haben, die Signale des Körpers zu lesen und sie deutlich zu übersetzen, kommt bei ihnen eine insgesamt schwammige Botschaft an. Sie haben zwar ein Ja gehört, sind aber doch verunsichert, eben weil ihnen ihr Unterbewusstsein signalisiert: »Da stimmt etwas nicht.«

Was tun? Ein auf diese Weise verunsicherter Gesprächspartner kann sich dafür entscheiden, die Hinweise seines Unterbewusstseins zu übergehen und mit ungutem Gefühl Ihr Ja zu akzeptieren. Und er kann sich dann, wenn sich herausstellt, dass die Zusage doch nicht so felsenfest gemeint war, daran erinnern: »Genau, ich wusste doch, dass da etwas faul war. Warum nur habe ich nicht auf meine innere Stimme gehört?« Oder er kann seine Bedenken äußern, was eine entrüstete Reaktion Ihrerseits zur Folge haben kann – Sie hätten doch Ja gesagt, was wolle er eigentlich mit seinen Zweifeln?!

Es erfordert Ehrlichkeit und Mut, sich einzugestehen, dass die ausgesandten Informationen tatsächlich nicht klar waren. Doch das würde sich lohnen. In der Folge nämlich wäre ein echter und aufrichtiger Kontakt möglich.

*Eine bessere Haltung fördert nachweislich das Selbstbewusstsein.*

Genauso, wie man seine Aussprache verbessern kann, lässt sich auch an der Körpersprache feilen. Die Inhalte, die dann ausgesendet werden, sind um ein Vielfaches eindeutiger, Missverständnisse werden seltener. Und diese sind ein weitverbreitetes Übel. Man meint, sich klar auszudrücken, und doch wird man nicht verstanden. Es ist, als käme die eigene Botschaft einfach nicht an. Die Folge: Man fühlt sich von anderen abgelehnt und reagiert mit Rückzug, mit Unterstellungen oder mit Aggressionen. Blanke Absicht der lieben Mitmenschen steckt jedoch höchst selten dahinter.

Doch vielleicht liegt es gar nicht an den scheinbar so verständnislosen und uninteressierten Mitmenschen, vielleicht können die gar nichts dafür, dass sie Sie häufig falsch verstehen.

Überlegen Sie, ob Sie wirklich immer genau das sagen, was Sie auch meinen. Denn Worte sind schließlich nur ein Teil unseres Ausdrucks. Der andere ist die Sprache unseres Körpers. Womöglich gibt es da Diskrepanzen, und Sie sagen das eine mit Worten, drücken das andere aber mit dem Körper aus?

Nun wissen wir durch verschiedene Forschungen, dass es einen immensen Informationsfluss gibt, der unbewusst abläuft. Das ist auch bei sehr kopfgesteuerten Menschen so. Stimmen die Inhalte von Körper- und Verbalsprache nicht überein, kommt beim Gegenüber zwangsläufig ein heilloses Durcheinander an.

Die Sprache des Körpers zu erlernen macht unbedingt Sinn, denn damit lässt sich gleich mehreres bewirken. Ein Grund ist, die Menschenkenntnis zu verbessern. Das hilft vor allem unsicheren Menschen, die dazu neigen, andere grundsätzlich für stärker und besser zu halten als sich selbst. Je realistischer sie andere einschätzen können, desto weniger Angst haben sie vor ihnen. Sie geben ihre eigene Macht nicht mehr ab, nur weil ein anderer brüllt. Anhand der Körpersprache erkennen sie, dass der laute Typ doch nur seine eigene Unsicherheit verstecken will. Letztlich entwickelt sich dadurch mehr Verständnis für andere, während die eigene Stabilität wachsen kann.

Stellen wir uns zwei Menschen vor, der eine mit breitbeinigem Stand, gerader Haltung, die Schultern zurück, der andere mit eng aneinandergestellten Füßen, die Arme nah am Körper, die Schultern hängend. Keine Frage, wer hier selbstbewusst wirkt und wer ängstlich. Oder könnte es sich hier um einen Irrtum handeln? Ist Ersterer vielleicht sogar unangenehm aufdringlich und Letzterer einfach nur müde? Die Bandbreite der Deutungen ist groß. Man muss schon genau hinschauen, um zu erkennen, ob jemand nur mal eben seine Ruhe will oder ob er tatsächlich schüchtern ist, ob jemand einfach nur gut drauf ist oder ob er dominant und aggressiv ist.

Eine verschlossene Haltung kann auf Hemmungen und Enttäuschungen hinweisen, aber auch auf den Wunsch nach Rückzug. Eine offene Körperhaltung kann Selbstvertrauen bedeuten, aber auch einen unguten, überzogenen Machtanspruch. Nervosität und Unruhe drückt aus, wer mit Gegenständen herumspielt oder sich immer wieder die Hände reibt. Aber es zeigt auch Beweglichkeit und gespannte Bereitschaft an. Das wiederholte Öffnen und Schließen der Hände gilt als Zeichen für Unsicherheit. Aber auch Vorsicht und Sensibilität lassen sich damit verknüpfen. Ähnlich ist es mit den Blicken. Manche halten einem festen Blick nicht stand. Die übliche Reaktion darauf ist der Verdacht, diese Leute hätten etwas zu verbergen. Vielleicht ist das so. Oder wollen sie nur ihre eigene Kraft schützen? Auch hier gilt: Genau hinschauen und genau überlegen, anstatt vorschnell zu urteilen. Die Nuancen gilt es zu erkennen.

Ein anderer und noch wichtigerer Punkt, warum es sich lohnt, sich mit Körpersprache zu beschäftigen, ist, die Selbsterkenntnis zu verbessern und die eigene Persönlichkeit zu entwickeln.

*Das Wissen über die Wirkung der Körpersprache lässt sich gezielt einsetzen.*

Es ist eine schöne Übung, seine Gedanken in Verbindung mit der eigenen Haltung zu beobachten.

Ein Beispiel: Eine zusammengesunkene Haltung verrät Traurigkeit, übereinandergeschlagene Beine und verschränkte Arme signalisieren Abwehr.

## *Übung:*

*Stellt man also fest, dass man gerade mal wieder ergebnislos über seine Probleme nachgrübelt, wird die Haltung in der Regel ebenfalls zusammengesunken und eng sein. Wie soll da die Lösung einen Zugang finden? Statt nun weiter nachzudenken, lohnt es sich, ein paar Lockerungsübungen zu machen. Aufzustehen, den Brustkorb weit zu machen, die Arme zu öffnen, die Lungen und Bronchien tief mit Luft zu füllen, schließlich genauso intensiv wieder auszuatmen. Das Ganze mehrmals wiederholen, bis man wieder im Lot ist und das Leben als ständiges Fließen zwischen Einatmen und Ausatmen, Geben und Nehmen, Ebbe und Flut wahrnehmen kann. Dass dann auch Probleme kommen und gehen dürfen, dass sich Hindernisse aufbauen, auf die eine Lösung folgt, ist eine ganz natürliche Erkenntnis aus dieser einfachen Übung.*

Der Körper drückt also das aus, was wir fühlen. Das erkennen und lesen zu können ist schon eine Kunst für sich. Damit erschöpft es sich aber noch nicht, darin erst liegt das eigentliche Potenzial verborgen. Denn da gibt es eine Wechselwirkung, in der psychologischen Fachsprache »Bodyfeedback« genannt. Forschungen haben bewiesen: Man kann eine andere Haltung einnehmen, wenn man sich anders fühlen will. Das geht! Ganz entgegen der landläufigen Meinung, dass zuerst ein bestimmtes Gefühl da sein muss, welches der Körper dann auszudrücken pflegt. Es funktioniert tatsächlich auch umgekehrt. Körpersprache und Gefühlsleben stehen in Wechselwirkung.

Ein Beispiel: Mangelnder Selbstwert gehört zu den am häufigsten genannten Problemen. Besonders oft trifft dies auf Menschen zu, die gerade auf der Suche nach »ihrem« Weg sind. Gehören Sie dazu? Fühlen auch Sie sich oftmals unsicher? Und wären doch so gern aufrichtig und selbstbewusst?

*Übung:*

*Dann stellen Sie sich so hin, wie Sie meinen, dass ein selbstbewusster Mensch dastehen würde. Probieren Sie mehrere Varianten vor dem Spiegel durch, bis Sie mit Ihrer Haltung zufrieden sind. Lassen Sie gute Freunde testen, ob Sie nun wirklich so wirken, wie Sie es sich vorstellen. Spüren Sie dann in sich hinein, und Sie werden merken, dass diese Haltung schlagartig ein anderes Gefühl in Ihnen auslöst – ein selbstbewusstes nämlich. Verfallen Sie zum Vergleich wieder in Ihre frühere Haltung, und achten Sie darauf, was gleichzeitig mit Ihren Gefühlen passiert. Ziehen diese Sie nach unten? Steigt sofort der Gedanke auf: »Ja, das bin ich eben, der ewige Verlierer«? Dann schnell wieder hinein in die neue, selbstbewusste Haltung!*

Es ist tatsächlich so: Eine selbstbewusste Haltung macht selbstbewusst. Faszinierend, nicht wahr?

Wenn Sie für sich entscheiden, dass Ihnen etwas mehr Selbstbewusstsein guttun würde, und Sie trainieren auch gleich die passende Haltung dazu, dann strahlen Sie umso schneller und unmittelbarer aus, dass sich bei Ihnen etwas verändert hat. Wie genau diese Veränderung in Gang gekommen ist, das ist nicht eindeutig zu klären. War die Henne zuerst da oder das Ei? War es die neue Körperhaltung, die Sie mutiger gemacht hat? Oder war es doch die Entscheidung, das Selbstbewusstsein aufzubauen und deshalb eine andere Haltung einzunehmen? Oder wäre diese neue Haltung mit der Zeit sowieso gekommen? Vermutlich ja, wenn der Wille einmal gesetzt und das Ziel klar definiert wurde. Doch mit dem bewussten Einsatz der Körpersprache lässt sich der Weg dorthin erheblich beschleunigen, ein Rückfall in die gewohnten Bahnen wird seltener. Und die Hauptsache ist doch, dass sich der gewünschte Erfolg einstellt.

Falls Ihr Forscherdrang Freude daran hat, dann trainieren Sie noch weiter, die Wechselwirkung zwischen Körperhaltung und Gefühl zu erkennen.

## *Übung:*

*Stellen Sie sich dazu vor den Spiegel, und nehmen Sie wieder eine eingeknickte und unsichere Körperhaltung ein. Sagen Sie dazu aber einen Satz, der Selbstbewusstsein erfordert, wie: »Ich finde mich toll.« Glauben Sie sich? Wirken Sie echt? Wohl kaum. Dann nehmen Sie eine sichere, aufrechte Haltung ein, und sagen Sie: »Ich bin wie immer der Schlechteste von allen.« Glauben Sie wieder nicht, nicht wahr? Sagen Sie dann jeweils die zur Haltung passenden Sätze. Die kommen doch gleich viel entschiedener und glaubwürdiger an.*

Von Schauspielern weiß man, dass sie in eine Rolle förmlich hineinwachsen. Sie wollen ihren Part bestmöglich darstellen. Also sprechen sie nicht nur so, wie der dargestellte Charakter, sie nehmen auch dessen Haltung ein, dessen Ausdruck – und schließlich fühlen sie sich auch so. Das Königliche, Würdevolle, Liebende, Verräterische oder Kämpferische ihrer Rolle schwingt nun auch in ihrer Aura mit. Das zeigt, dass die Wechselwirkung wirklich funktioniert. Ein Schauspieler sollte natürlich versuchen, sich von seiner Rolle wieder zu trennen. Als Übender der Körpersprache hingegen können Sie genau die Haltung einnehmen, die gut für Sie ist, und dabei bleiben.

Üben Sie nun auch das gute Stehen, um Ihren Wunsch nach mehr Selbstbewusstsein dauerhaft zu verankern. Sorgen Sie stets für einen guten Stand. Jede Wartezeit auf Bus oder Bahn, auf den Platz am Kopierer oder an der Kasse lässt sich nutzen, um das Stehen zu üben, statt sich wie üblich gelangweilt und gequält anzulehnen. Damit können Sie Ihren eigenen Stand verbessern, und sei es nur für diesen Tag, für die aktuellen Anforderungen.

## Übung:

*Stellen Sie Ihre Füße parallel, etwa hüftbreit auseinander. Stehen Sie mit beiden Füßen, mit Ballen, Ferse und Zehen, auf dem Boden. Saugen Sie sich in Ihrer Vorstellung richtig am Boden fest.*

*Spüren Sie, wie Sie sich erden. Pendeln Sie sich ein, etwas nach vorne, nach hinten, zu den Seiten, bis Sie Ihre Mitte gefunden haben. Und nun: Stehen Sie.*

Es braucht viel weniger Kraft, gerade und aus seiner Mitte heraus zu stehen, als die Knochen und Gelenke schräg und einseitig zu belasten. Ihr Rücken wird es Ihnen danken, Ihr Lebensgefühl aber in besonderem Maße. Denn mit einer gesunden Wirbelsäule und einer guten Haltung werden Sie sich schließlich auch innerlich aufrichten. Nehmen Sie jede Gelegenheit wahr, um so stabil wie möglich zu stehen, so bekommen Sie mit der Zeit auch einen besseren Stand im Leben.

Wir alle werden mehr und mehr selbst verantwortlich für unser Schicksal. Machen Sie sich daher immer wieder bewusst: Durch eine veränderte Haltung lassen sich bestimmte Emotionen vermeiden oder herbeiführen.

Genauso, wie sich ein guter Stand (im Leben) trainieren lässt, lässt sich das richtige Sitzen üben. Ganz wichtig: Schlagen Sie die Beine nicht ständig übereinander – eine eher schlechte Angewohnheit vieler Menschen. Zum einen aus ganz praktischen Gründen, weil dies die Gefäße in den Beinen zu sehr abschnürt, was der Durchblutung schadet. Zum anderen aber wird Sie diese Haltung zu verschlossen machen, wenn Sie sie recht häufig einnehmen. Dann brauchen Sie sich nicht zu wundern, wenn Sie schwer etwas Neues aufnehmen, wenn Sie oft Probleme haben zu verstehen, was andere meinen. Wenn Sie ständig »zumachen«, ist das auch kein Wunder.

## Übung:

*Also: Immer wieder bewusst die Füße nebeneinanderstellen, insbesondere wenn es um die Aufnahme von Informationen geht, also wenn Sie etwas lernen wollen. Eine offene Haltung der Arme gehört ebenso dazu. Denn verschränkte Arme und übereinandergeschlagene Beine machen sichtbar den Informationsfluss dicht. Das mag ganz nützlich sein, wenn Sie gerade etwas Raum und Schutz für sich brauchen, aber eben nicht, wenn Sie etwas lernen oder erfahren wollen. Achten Sie auch auf Ihre Brust. Sie brauchen Ihren Oberkörper nicht aufzurichten wie ein Soldat, aber er sollte auch nicht eingesunken sein. Ersteres wirkt steif, Letzteres trübsinnig – und beides wollen Sie doch nicht werden, oder?*

*Dann wäre da noch der Nacken. Machen Sie ihn lang. Das heißt, lassen Sie die Schultern fallen, nicht nach vorne, sondern nach unten. Ziehen Sie Ihre Schultern bewusst und kräftig nach unten, und drücken Sie den Hinterkopf nach oben. Sie fühlen sich augenblicklich selbstbewusster und größer, auch im übertragenen Sinn. Denken Sie nur kurz daran, wie jemand aussieht, der mit eingezogenem Kopf herumläuft. Das tut doch nur jemand, der schwer auf der Hut ist vor Verfolgung oder Strafe, der also etwas fürchtet. Wenn Sie dastehen wollen, als hätten Sie nichts zu befürchten, dann zeigen Sie es durch Ihre Haltung. Heben Sie allerdings nur Ihren Hinterkopf an, nicht das Kinn. Dieses sollte gerade gehalten werden. Wird es angehoben, trägt man die Nase zu hoch und schaut von oben auf andere herab. Dadurch wirkt man unwillkürlich arrogant und muss mit Ablehnung rechnen. Ein gesenkter Kopf hingegen macht schüchtern und übervorsichtig. Sie müssten Ihre Gesprächspartner von unten herauf anschauen, was unterwürfig wirkt. Unter gleichberechtigten, selbstbewussten Menschen hat das keiner nötig.*

*Zeigen Sie durch Ihre Haltung, dass Sie nicht unter Ihrer Last zusammenbrechen. Richten Sie sich auf, nicht steif, sondern entspannt. Beweisen Sie damit, dass Sie die Herausforderungen des Lebens annehmen. Solch eine Haltung wirkt elegant und im positiven Sinne stolz. Und sie macht Sie als Menschen schön.*

Setzen Sie dann auch Ihre Armbewegungen gezielt ein. Mit den Bewegungen Ihrer Arme können Sie Ihre Worte wunderbar unterstreichen. Südländer sind für eine reiche Gestik bekannt, während Nordlichter eher sparsam damit umgehen. Eine entsprechende Gestik kann man sich angewöhnen. Es wäre aber albern, sich eine Gestik »aufzusetzen«, die nicht zum eigenen Typ passt. Wenn Sie von zurückhaltendem Temperament sind, stimmt es einfach nicht mit Ihrer sonstigen Ausdrucksweise und Erscheinung überein, wenn Sie plötzlich weit ausgreifende Armbewegungen machen, etwa weil Sie das für locker halten und es auf Ihren Urlaubsreisen im Süden immer bewundert haben. Und wenn Sie ein spontaner, reaktionsschneller Typ sind, passt es eben nicht, wenn Sie Ihre Gestik krampfhaft reduzieren, weil Sie das vielleicht für elegant und vornehm halten.

Doch Ihrem Typ angemessen können Sie durchaus an sich arbeiten. Denn eine weit ausgreifende Gestik hat eben doch mit Selbstbewusstsein zu tun – man »nimmt« sich den Raum. Und eine zurückhaltende oder nicht vorhandene Gestik hat mit Vorsicht und auch Ängstlichkeit zu tun. Man setzt sich sehr enge Grenzen.

## Übung:

Beobachten Sie die Bewegungen Ihrer Arme: Weit ausholende Armbewegungen machen mutig und locker, präzise Bewegungen fördern das Verständnis. Ist Ihre Gestik sehr reduziert, haben Sie die Arme eng am Körper und unterstreichen kaum einmal Ihre Worte mit den Händen, dann machen Sie vor Ihrer nächsten Rede erst ein paar Lockerungsübungen. Holen Sie weit mit den Armen aus, und beschreiben Sie große Bögen. Achten Sie darauf, nicht eckig und abgehackt zu werden, auch nicht hektisch und schnell, sondern rund, fließend und gleichmäßig in die Luft zu malen. Stellen Sie sich Bilder vor, beschreiben Sie einen Baum – gleichzeitig mit Worten und mit den Armen. Zeichnen Sie den hoch aufgerichteten Stamm und die gefächerte Krone nach, beschreiben Sie eine Hügelkette und einen See. Macht Spaß, nicht wahr? Und es macht vor allem lockerer und mutiger.

Ist Ihre Gestik sowieso sehr ausgeprägt, und Sie ecken eher damit an, dass Sie beim Reden Gläser vom Tisch stoßen, weil Sie wieder mal »mit Händen und Füßen sprechen«, und Sie wollen Ihre Gestik deshalb etwas reduzieren, dann gehen Sie mehr ins Detail. Das ist auch dann sinnvoll, wenn Ihre Gesten nur groß und weit, dabei aber unpräzise und somit für das Verständnis keine Hilfe sind. Beschreiben Sie einen kleinen Gegenstand, ziehen Sie mit den Händen so exakt wie möglich ein Telefon oder eine Vase nach, und versuchen Sie sich auch an komplizierten Formen, die Sie möglichst genau darstellen. Das Überschwängliche und auch Überhebliche Ihrer Gestik tritt in den Hintergrund zugunsten von mehr Klarheit. Mit solchen Übungen fördern Sie Ihre Ausdruckskraft. Ihre Worte und Ihre Gesten passen zusammen – Sie werden besser verstanden.

*Nun können Sie aber noch einen Schritt weitergehen und bei den Bewegungen Ihrer Arme darauf achten, welche Gefühle dabei ausgelöst werden. Bestimmte Muskeln, die wir verkrampfen (z.B. bei einer geballten Faust), signalisieren unseren Mitmenschen: »Achtung, megaschlechte Laune, auf Angriff gefasst machen!« Interessanterweise spüren wir als Sender genau dasselbe. Spannen wir andere Muskelgruppen an (z.B. die Lachmuskeln), bekommen unsere Gegenüber unwillkürlich den Eindruck von Offenheit und Freundlichkeit. Dieselbe Botschaft erreicht auch unser Gehirn, wir fühlen uns genau so. Diese Erkenntnis der neueren psychologischen Forschungen ist phänomenal, denn sie bedeutet, dass wir genau so, wie wir nach außen wirken, auch nach innen wirken. Wir können somit die eigenen Gefühle mit unserer Körpersprache beeinflussen.*
*Üben Sie die neue Haltung, wann immer Sie daran denken. Beim Autofahren, bei Wartezeiten, am Schreibtisch, beim Zähneputzen. Entdecken Sie mit Freude die Veränderungen in Körper und Psyche, die dadurch möglich sind. Stehen Sie.*

Dass solche Informationen so fest im Menschheitsgedächtnis verankert sind, lässt sich auch auf die vielen Hunderttausend Jahre des Lebens in der Steinzeit zurückführen. Bleiben wir noch ein wenig bei den Armen: Um Gefahren abzuwehren (in der Vorzeit waren das Feinde oder wilde Tiere), muss der Trizeps, der Armstreckermuskel, angespannt werden, der diese Abwehr ermöglicht. Um jemanden einzuladen, zu umarmen oder auch um Nahrung zu sich zu nehmen, muss der Bizeps, der Armbeugemuskel, angespannt werden. Das heißt, Stresssituationen haben mit dem Armstrecker zu tun, entspannende Situationen mit dem Armbeuger. Diese Zusammenhänge sind in unseren Genen gespeichert. Wobei »Stress« hier durchaus auch positiv zu verstehen ist. Alles, was Konzentration, Anspannung und eine klare Richtung der Aktivität verlangt, zählt hierzu.

Ellbogen zu zeigen, was unsere Leistungsgesellschaft so oft verlangt, bedeutet den Trizeps anzuspannen. Auch wer sich mit den Ellbogen auf dem Schreibtisch aufstützt, spannt den Trizeps an, den Armstreckermuskel. Was glauben Sie, was die Folge ist? Ganz klar: Er kann konzentriert arbeiten und bringt die gewünschte Leistung. Eine Zeit lang zumindest. Denn er fühlt sich auch schnell gestresst. Und die Kreativität wird extrem gehemmt.

*Übung:*

*Nutzen Sie dieses Wissen! Befinden Sie sich mal wieder mitten in einer wie blockierten Situation, in der Sie sich von allen Pflichten gestresst fühlen und in der Ihnen keine guten Lösungen einfallen, drücken Sie einfach mit den Unterarmen gegen die Unterseite Ihrer Tischplatte. Damit spannen Sie kurzzeitig den Armbeuger an und senden das wohltuende Lockerheitssignal an Ihr Gehirn.*

*Kommen Sie dagegen mal gar nicht in Fahrt, können sich nicht konzentrieren und schielen stattdessen ständig nach den leckeren Süßigkeiten und dem Sofa, dann spannen Sie bewusst Ihren Armstrecker an, den Trizeps. Dazu stehen Sie auf, stützen sich mit flachen Händen und ausgestreckten Armen auf die Tischplatte und drücken von oben dagegen. Diese Haltung macht Sie abwehrbereit und stabil.*

Achten Sie im täglichen Miteinander auf diese Feinheiten. Vielleicht können Sie wahrnehmen, welche Muskeln Ihre Gesprächspartner anspannen. Befinden sie sich in Kampfhaltung, oder hören sie entspannt zu?

Unterbewusst nehmen wir diese ganzen Signale von Haltung, Gang und Armbewegungen sowieso auf. Als Erstes ins Bewusstsein dringt dagegen das, was das Gesicht ausstrahlt. Die meisten Menschen schauen einander immerhin zuerst in das Gesicht. Will man an der eigenen Ausstrahlung feilen, sollte man also auch um die starke Wirkung des Gesichtsausdrucks, der Mimik, des Blicks, wissen. Und auch darüber lassen sich Gefühle beeinflussen.

Kann man Ihnen Ihre Laune schon auf zehn Kilometer Entfernung ansehen, zeigen Sie jede Emotion offen nach außen? Oder haben Sie sich allzu gut im Griff und zählen zum Typ »Pokerface«?

*Die meisten Menschen haben eher gelernt, sich zu verstellen und verspannen, als locker und offen zu ihren Gefühlen zu stehen.*

Natürlich soll man sich nicht gehen lassen. Aber zu verhärten ist eben auch keine gute Alternative. Doch aus der Notwendigkeit heraus, die Gesellschaft nicht mit den eigenen Sorgen zu belasten, können sich manche Menschen inzwischen gar nicht mehr so zeigen, wie sie wirklich sind.

Was wäre Ihr Ziel? Vermutlich, Gefühle zeigen zu können, wenn Sie es wollen, aber sich auch zurückhalten können, wenn es notwendig ist. Es erfordert ein gesundes Selbstbewusstsein, dazu zu stehen, wenn es einem gerade gut oder schlecht geht – ohne Angst zu haben, dass einen die anderen dann ausnutzen oder verurteilen. Authentischer würde es jedenfalls wirken. Da Sie ja nun schon angefangen haben, eine veränderte Haltung zu trainieren, machen Sie nun mit dem Gesichtsausdruck weiter. Diese Aufforderung ist daher wörtlich gemeint: Ändern Sie Ihren Blickwinkel!

## Übung:

*Die dazu wichtigste Übung: Lockern Sie immer wieder Ihre Gesichtsmuskeln. Schneiden Sie mehrmals täglich Grimassen, was das Zeug hält. Zum Beispiel können Sie nacheinander die Stirn in Falten legen, die Lippen schürzen, die Nase krausziehen, die Augen zukneifen und alles wieder entspannen. Ziehen Sie das Gesicht zur Mitte hin zusammen. Dann machen Sie ein ganz langes Gesicht, strecken Sie dabei auch die Zunge weit heraus. Machen Sie nicht nur hässliche, fiese Grimassen, auch Lächeln und Lachen sollten zu diesen Ausdrucksübungen gehören. Nach nicht allzu langer Zeit werden Sie feststellen, dass Ihre Gesichtsmuskeln sehr gut trainiert sind. Gefühle auszudrücken fällt dann leichter, denn jetzt zeigen sich die Gefühle unwillkürlich. Sie brauchen sich gar nicht zu bemühen – das wäre schon wieder verkrampft.*

*Das Grimassenschneiden empfiehlt sich auch, wenn Sie seelisch sehr angespannt sind, denn diese Art der Anspannung zeigt sich meist zuerst auf Ihrem Gesicht, das dann fast wie versteinert wirkt. Die Grimassen entspannen nämlich nicht nur Ihr Gesicht, sondern auch Ihre Laune. Probieren Sie es aus, Sie werden viel Spaß dabei haben.*

Übungen dieser Art werden Sie darin unterstützen, zu verstehen, dass böse zu sein und böse zu schauen, weitaus anstrengender ist, als locker zu lassen und zu lächeln. Glücklich schauen und glücklich sein fühlt sich leicht an.

Das können Sie leicht feststellen, wenn Sie nur versuchen, eine Zeit lang eine verzerrte und furchterregende Grimasse aufzusetzen. Binnen Kurzem fangen die Muskeln an zu schmerzen. Entspannte Gesichtszüge dagegen lassen sich lange aushalten – sehr lange.

Erinnern Sie sich dazu an das Gesetz der Wechselwirkung. Wie beim Anspannen der Armmuskeln so ist es auch mit den Muskeln im Gesicht. Bestimmte Muskelgruppen sind auch hier mit bestimmten Bedeutungen verknüpft. Wenn Sie also lachen oder zumindest lächeln, signalisieren Sie dem Gehirn

Lebensfreude, Mut, Optimismus. Das gilt auch dann, wenn Ihnen gar nicht danach zumute ist. Das Gehirn fasst die Botschaft der Muskelgruppen auf und reagiert mit einer positiven Hormonausschüttung. Es wird nicht lange dauern, und die Freude setzt sich durch.

Wollen Sie nun noch mehr ins Detail gehen, so beschäftigen Sie sich mit den Augen. Beobachtungen zeigen: Rechts ist die Welt des Verstandes, der tatsächlichen Erfahrungen, hier sind Informationen abzurufen. Links liegt das Reich der Vorstellung, der Fantasie. Bei den Gehirnhälften ist es genau umgekehrt, da ist die linke Gehirnhälfte für die Logik zuständig, die rechte Gehirnhälfte für die Fantasie. Im Kopf kreuzen sich die Nervenbahnen und versorgen die Augen auf diese Weise. Die linke Gehirnhälfte schickt Verstand und Logik zum rechten Auge, die rechte Gehirnhälfte versorgt das linke Auge mit Intuition, Fantasie und Vorstellungskraft.

Für die Augen gilt also: Rechts ist das, was war und ist. Links ist das, was alles sein könnte. Das geht auch noch exakter: Sind die Pupillen beispielsweise nach rechts oben gerichtet, erinnern wir uns gerade an ein tatsächliches Erlebnis, unser Gedächtnis wird aktiviert. Wir schauen in die Vergangenheit. Sind die Pupillen dagegen nach links oben gerichtet, schauen wir in die Zukunft, in das Reich der Fantasie, der Vorstellung, wir wollen uns beim Sprechen etwas vorstellen.

Schauen wir nach rechts, erinnern wir uns an Töne und Klänge, schauen wir nach links, stellen wir uns diese vor. Schauen wir nach rechts unten, gehen wir in eine Art inneren Dialog, wir besprechen uns mit uns selbst und versuchen, aufgrund unserer Erfahrung und mithilfe des Verstandes zu entscheiden. Schauen wir nach links unten, ist unser Gefühl angesprochen, wir malen uns aus, wie sich etwas anfühlen könnte.

## Übung:

Setzen Sie die Kenntnis über diese Zusammenhänge in Ihrem Alltag um: Sollte Ihnen einmal etwas Bestimmtes nicht einfallen, wollen Sie sich an etwas erinnern, was Sie konkret erlebt, gehört und gesehen haben, dann wählen Sie die Blickrichtung nach rechts. Wollen Sie dagegen Ihre Fantasie stärken, wollen Sie sich etwas ausmalen und vorstellen, oder suchen Sie nach einer kreativen Lösung, dann lassen Sie Ihre Blicke nach links wandern. Und wenn Sie einmal gar nicht mehr weiterwissen, dann wechseln Sie die Perspektive grundlegend: Steigen Sie auf einen Stuhl oder Tisch, und schauen Sie sich die Welt von oben an. Oder legen Sie sich auf den Boden, und betrachten Sie die Welt aus der Froschperspektive. Oder machen Sie einen Kopfstand. All das lockert Verkrampfungen im Gehirn. Sie werden sehen: Ein veränderter Blickwinkel bringt immer eine neue Sichtweise.

# Kleine Rituale für ein bewusstes Leben

Die Anfälligkeit für Stress und Überlastung ist bei sensiblen Menschen besonders hoch. Ungefiltert prasseln vielerlei Eindrücke auf sie herein, laugen sie aus und machen sie müde. Mangelnde Verwurzelung und fehlende Aufmerksamkeit sind die Folge. Und sie sind der Grund dafür, dass das Leben scheinbar immer schneller vorbeirauscht. In der Folge fällt es immer schwerer, die Aufgaben anzugehen und sich aktiv am Leben zu beteiligen. Der Alltag erscheint schwer, mühsam und grau.

Eine uralte Methode, um wieder mehr Struktur in den Ablauf zu bringen, ist, Rituale einzubauen. Auch in früheren Zeiten war der Tag oftmals schwierig, die Arbeit hart und die Aussicht auf Besserung gering. Rituale aber dienten der Entspannung. Sie waren die besonderen Tage oder Stunden, die der Seele Freude und Entspannung schenkten. Greifen Sie auf die Weisheit der vergangenen Jahrhunderte zurück, und schmücken auch Sie Ihren Alltag wieder mit Ritualen.

So macht es durchaus Sinn, sich auf die traditionellen Feste zu besinnen und sie bewusster ins Geschehen mit einzubeziehen. Ostern, Pfingsten, Sonnenwende, Weihnachten, der eigene Geburtstag oder Namenstag, der Hochzeitstag – was immer Ihnen einfällt und Sie anspricht, ist richtig.

Gehen Sie davon aus, dass Ihre Seele das Bedürfnis nach mehr Verwurzelung und Naturbezug hat. Sie können sich täglich mit der Erde verbinden.

*Übung:*

*Es reicht, morgens nach dem Aufstehen oder immer mal zwischendurch für einen Moment fest auf beiden Beinen zu stehen und sich zu vergegenwärtigen, wo Sie gerade sind. Die Schnelligkeit, mit der Sie sich von einem Ort zum anderen bewegen, stört Sie dann immer weniger, wenn Sie es üben, immer bewusst anzukommen.*

Doch schenken Sie sich auch das Gefühl für den Rhythmus des Jahres. Auch das ist nicht besonders aufwendig. So exakt wie wir heutzutage unsere Zeit verplanen und durchorganisieren, hat so gut wie jeder einen Kalender. Der ist immerhin in Wochen und Monate unterteilt. Docken Sie daran an.

*Markieren Sie zum Beispiel jeden Monatswechsel in Ihrem Kalender. Oder nehmen Sie die Tage, an denen die Sonne in ein anderes Tierkreiszeichen eintritt, das ist immer um den 21. eines Monats, plus/minus zwei Tage. Malen Sie sich ein schönes Symbol hinein, eine Blume, einen Smiley, ein Herz, eine Sonne. Dieses Symbol hilft Ihnen, sich einen kurzen Moment zu besinnen: Es ist ein neuer Monat bzw. ein neues Tierkreiszeichen und somit ein neuer Anfang.*

In der Hauptsache aber gilt es, die vielen »normalen« Tage aufzuwerten. Diese nämlich laufen in der Regel eher gleichförmig ab und ziehen an uns vorbei, ohne Eindruck zu hinterlassen. Das erzeugt schließlich das Gefühl, das Leben ziehe immer schneller an uns vorbei. Es ist nicht die zunehmende Geschwindigkeit, es ist die mangelnde Aufmerksamkeit, die das Leben vorbeiziehen lässt.

Diese vielen »normalen« Tage machen aber unser Leben aus. Die Besonderheiten der großen Feste sind gut und schön und wichtig, doch das tägliche Leben ist das, was uns am meisten prägt und fordert.

Man muss nicht aus jedem Tag ein Fest machen, aber man kann für jeden Tag dankbar sein und versuchen, ihn bewusst zu erleben. Beziehen Sie Ihr gesamtes Alltagsgeschehen mit ein: morgens aufstehen, frühstücken, einkaufen, arbeiten, nach Hause kommen.

An jedem Morgen eines normalen Arbeitstages heißt es, den Stier bei den Hörnern zu packen. Es geht los!

## Übung:

*Wenn Sie müde und lustlos auf Ihren Tag schauen, überlegen Sie sich ein kleines Ritual, wie Sie morgens in Schwung kommen können – etwa eine Drehung um sich selbst, dreimal im Kreis. Vielleicht fühlen Sie sich dann angetrieben wie ein bunter Brummkreisel, der, einmal in Schwung gebracht, läuft und läuft. Es funktioniert!*
*Vor dem Frühstück ein Glas lauwarmes Wasser zu trinken vertreibt die Träume und belastenden Gedanken. Es spült sie hinunter und zwar ohne Schock, denn schließlich ist das Wasser lauwarm. Die perfekte Dusche für innen.*

*Wenn Sie abends nach Hause kommen, haben Sie vielleicht bestimmte Gewohnheiten, wie sich etwas Bequemes anzuziehen, das Radio einzuschalten oder erst einmal eine Tasse Tee zu trinken. Erweitern Sie diese Gewohnheiten zu einem*

*Ritual, bauen Sie eine Absicht mit ein, eine kleine Handlung, die Ihnen sagt: »So, jetzt bin ich zu Hause, geborgen und im Frieden.« Klingeln Sie Ihr Klangspiel, zünden Sie eine Kerze an, schütteln Sie sich kräftig, atmen Sie tief durch, und kommen Sie so ganz bewusst an. All dies hilft Ihnen, die Energiefelder, die vom Tagesstress noch an Ihnen haften, abzulösen.*
*Wollen Sie sich einmal mehr Zeit nehmen, könnten Sie sich einen Kreis aus vielen Teelichtern bauen. Erfreuen Sie sich an diesem Lichtkreis, und entspannen Sie sich. Sie können auch etwas in die Mitte legen, etwas, das Sie an höhere Wesen weitergeben möchten. Das kann ein Zettel mit den Sorgen sein, von denen Sie befreit werden möchten, das können Wünsche sein, um deren Erfüllung Sie bitten. Oder sagen Sie einfach einmal »Danke« zu Ihren geistigen Helfern.*

Was Sie auch tun, wofür Sie sich auch entscheiden: Genießen Sie Ihre Rituale. Führen Sie sie aber immer nur so lange durch, wie sie Ihnen Spaß und Freude bereiten. Sobald sie zur Pflicht werden, ändern Sie sie, und lassen Sie sich etwas Neues einfallen. Oder nehmen Sie sich gleich von Anfang an vor, dies und jenes jetzt täglich zu machen – und zwar drei Wochen lang.

*Rituale unterbrechen den Alltag, geben uns Struktur und Bewusstsein.*

Aber sie müssen lebendig bleiben. Wenn sie erstarren, verlieren sie ihren Sinn.

Die Instinkte zu trainieren und sich damit Offenheit und Aufmerksamkeit zu bewahren, ist nicht leicht in einer Welt, die Gleichförmigkeit vorgibt. Der Alltag der meisten Menschen in unserer Gesellschaft ist engen Regeln unterworfen, die Wahlmöglichkeiten sind scheinbar gering. Schließlich muss man doch jeden Tag aufstehen, zur Arbeit gehen und so weiter. Genau das ist es, was auslaugt, was müde macht und letztlich auch angreifbar. Denn wenn die Aufmerksamkeit nachlässt, steigt automatisch die Durchlässigkeit für Angriffe von außen.

Dennoch gibt es Chancen, den Alltag bunter und kreativer zu leben, selbst in einem Job mit festen Arbeitszeiten. Möglichkeiten, etwas anders als gewöhnlich zu machen, gibt es immer.

*Übung:*

*Ein Beispiel: Stehen Sie früher auf, nur einmal in der Woche. Gestalten Sie Ihre Morgenstunden neu. Erleben Sie sie bewusst, dadurch verleihen Sie einem normalen Tag einen besonderen Glanz.*

*Oder: Nehmen Sie einen anderen Weg als den gewohnten zur Arbeit. Wenn Sie mit dem Bus fahren, steigen Sie eine Station früher aus, und gehen Sie die restliche Strecke zu Fuß.*

Es braucht keinen gewaltigen Umbruch. Die Kleinigkeiten sind es, die den Alltag ausmachen und ihn gleichförmig und trist oder abwechslungsreich und lebendig werden lassen.

Der Sinn solcher Übungen ist, wachsam zu werden und zu bleiben. Mit geschärften Sinnen schaffen Sie es, nicht im Alltag unterzugehen. Sie haben einen guten Instinkt und können locker und flexibel auf alles reagieren, was auf Sie zukommt.

Mit dem Abstand, den Sie durch Ihre veränderte Wahrnehmung gewonnen haben, werden Sie alle Ihre Gewohnheiten und auch Ihr häusliches Umfeld mit anderen Augen sehen. Nehmen Sie die Bewusstheit mit in Ihren Alltag. Schauen Sie genau hin, was Ihnen zu Hause begegnet und was hier die Besonderheiten sind. Jedes Holzstück, jeder noch so kleine Stein kann Sie anregen und wird Ihre Aufmerksamkeit fesseln, wenn Sie sich einmal auf die Suche gemacht haben danach, was Ihre Umgebung wirklich ausmacht. Ist es etwas Belastendes, wie ein Korb voller Altglas oder ein Stapel von Zeitungen, dann bringen Sie diese Dinge zum nächsten Container. Sortieren Sie aus, schaffen Sie sich Raum.

Lassen Sie Ihre Fantasie spielen. Erfinden Sie nach Herzenslust eigene Rituale, und ändern Sie sie, wenn Sie es für richtig halten. Sie werden sehen, wie viel Spaß es macht, wie viel Lebensfreude Sie dadurch gewinnen, wie Ihr Bewusstsein sich erweitert. Sie werden offen für die Einflüsterungen und

Unterstützungen der uns umgebenden unsichtbaren Wesen, Sie verbinden sich mit den Kräften der Erde, die uns ja halten und helfen will. Sie bringen Glanz in Ihren Alltag. Und irgendwie wird dann doch jeder Tag zu einem besonderen Tag.

Eine Besonderheit im Alltag ist die Zeit, in der man unterwegs ist, der Urlaub. Dieser gilt vielen als das große Highlight im Jahr, auf das sie sich lange freuen und von dem sie lange zehren. Große Hoffnungen werden auf diese paar Tage oder Wochen gelegt. Nun erzählen aber gerade sensible Menschen, dass sie gar nicht so gerne unterwegs sind. Der Grund: Sie fühlen sich ausgelaugt, es fällt ihnen schwer, die Vielzahl an Eindrücken zu verarbeiten. Manche aber müssen dennoch unterwegs sein, und sei es, weil sich die Familie eine Urlaubsreise wünscht und sie sich nicht ausklinken wollen.

Zwar ist auch bei ihnen die Vorfreude groß, immerhin sind sie in der Urlaubszeit frei von Arbeit und Pflichten, doch dann kommen sie an ihrem Urlaubsort an und fühlen sich fremd und etwas verloren. Wer das erste Mal zu einem noch unbekannten Ort gereist ist, oder wer allein unterwegs ist, spürt dies meist in besonderem Maße, aber auch wer nur der Familie zuliebe mitgefahren ist, ohne es selbst so richtig zu wollen. Nachdem Sie sich nun schon entschieden haben mitzufahren, treffen Sie jetzt die bewusste Entscheidung, auch ganz hier anzukommen. Sie sind nun mal da. Machen Sie sich bewusst, dass jede Landschaft grundsätzlich ihre besondere Schönheit zu bieten hat.

Schenken Sie dieser neuen Umgebung Ihre besondere Aufmerksamkeit. Verbinden Sie sich mit Ihrer aktuellen Umgebung. Schauen Sie sich an, was Sie umgibt, und schaffen Sie den Kontakt zu den örtlichen Naturgeistern, um auch mit der Seele anzukommen. Lassen Sie sich dabei von einem kleinen Ritual unterstützen.

## Übung:

*Nehmen Sie Teile aus der Sie umgebenden Natur, und bauen Sie etwas daraus, ein unauffälliges, kleines Symbol genügt. Ist Ihr Urlaub in einer waldigen Gegend, dann suchen Sie ein paar Zweige, Moos und Blätter, und setzen Sie an Ort und Stelle ein Gesteck zusammen, vielleicht um eine Blume herum, ohne diese zu pflücken. Halten Sie sich am Meer auf, dann bauen Sie aus Sand eine kleine Düne, oder legen Sie aus Muscheln einen Stern. In den Bergen freuen sich die Naturgeister über einen Kreis aus schönen Steinen. Oder Sie schichten eine Pyramide auf oder bauen Figuren aus Steinen. Spielen Sie mit dem, was Ihnen die Umgebung anbietet. Lassen Sie Ihrer Fantasie freien Lauf!*

Mit dieser Tätigkeit, die keine Vorbereitung und wenig Zeit in Anspruch nimmt, machen Sie sich zum einen bewusst, wo Sie sich eigentlich aufhalten, zum anderen zeigen Sie, dass Sie bemerken, worin die Besonderheit dieser Gegend besteht. Denn diese Besonderheit greifen Sie auf und gestalten sie spielerisch nach. Sie ehren damit alle Wesen, die hier beheimatet sind – auch die Menschen, die hier wohnen. Zu denen finden Sie so viel leichter einen guten Kontakt. Denn unbewusst strahlen Sie aus, dass Sie genau hinschauen, dass es Ihnen nicht gleichgültig ist, wo Sie sind, dass es Ihnen nicht nur um das eigene Vergnügen geht, Sie kein bloßer Nehmer, Raffer und Verbraucher sind, sondern ein sensibler und aufmerksamer Mensch, der zu schätzen und zu würdigen weiß, was ihm angeboten wird.

Zurück zu Hause ist es oft dasselbe: Man ist im Herzen noch unterwegs, findet den Anschluss nicht, wird aber vom Alltag sofort wieder vereinnahmt, ohne Zeit gehabt zu haben, wirklich daheim anzukommen. Zerstreut macht man dies und jenes, es passieren Fehler, die man mit einem einfachen Satz begründet: »Ich bin noch nicht ganz da.« Stimmt. Durch diesen selbst verursachten Stress ist die Erholung oftmals ganz schnell wieder weit weg.

Das muss aber nicht sein. Auch hier sind kleine Rituale sinnvoll.

## Übung:

*Zeigen Sie Ihrem Garten, dass Sie wieder da sind, indem Sie hier eine neue Pflanze einsetzen, vielleicht eine, die Sie am Urlaubsort erworben haben. Bringen Sie Ihrem Garten etwas mit von der Reise, ein wenig Sand oder eine Muschel, die Sie an einer besonderer Stelle platzieren. Die Zimmerpflanzen begrüßen Sie einzeln und freundlich. Sagen Sie ihnen (auch nur in Gedanken), dass Sie sich freuen, dass sie so gut durchgehalten haben und dass Sie sich jetzt wieder gut um sie kümmern werden. Geben Sie ihnen eine Extraportion Dünger, oder zieren Sie sie mit einem bunten Stäbchen, ein paar schönen Steinen – einer Aufmerksamkeit eben. Zünden Sie für Ihr Zuhause eine Kerze an.*

Finden Sie erst einmal zu sich, und kommen Sie ganz zu Hause an. Danach stürzen Sie sich ins Gewühl von Einkaufen, Waschen, Putzen und Arbeiten. Sie werden sehen: Alles geht Ihnen nun leicht und flüssig von der Hand. Sie bewältigen Ihren Alltag mit Leichtigkeit, und die Erholung bleibt.

Sie sehen: Rituale sind meist einfach, doch ihre Wirkung ist groß. Bestimmt werden Sie sich im Laufe der Jahre Ihre eigenen kleinen Rituale schaffen. Welche das sind, ist nicht entscheidend. Wichtig ist, dass Sie sich mit der aktuellen Zeit verbinden. Damit sind Sie nicht nur im Hier, sondern auch im Jetzt. So schaffen Sie sich gesunde, tief greifende Wurzeln – und damit wiederum können Sie überall hinreisen, zu jeder Zeit.

Eine Geschichte aus dem fernen Osten erzählt:
*»Zen-Schüler suchten einen Meister auf. Er war alt, weise, in sich ruhend, stets zufrieden, ein leises Lächeln umspielte seine Lippen. Sie fragten ihn, was sein Geheimnis sei.*
*Er sagte: »Wenn ich sitze, dann sitze ich. Wenn ich aufstehe, dann stehe ich auf. Wenn ich gehe, dann gehe ich. Wenn ich esse, dann esse ich.« Ratlos sahen sich die Fragenden an. »Aber was tust du darüber hinaus?«, fragten sie. Der Meister: »Nun, wenn ich sitze, dann sitze ich. Wenn ich aufstehe, dann stehe ich auf. Wenn ich gehe, dann gehe ich. Wenn ich esse, dann esse ich.«*
*Kopfschüttelnd unterhielten sie sich über diese Aussage. Schließlich wagte sich einer vor und sprach ihn nochmals an. »Meister«, sagte er, »das tun wir doch auch – sitzen, aufstehen, gehen und essen!« – »Natürlich sitzt und steht und geht und esst ihr auch«, sprach der Meister. »Doch wenn ihr sitzt, denkt ihr schon ans Aufstehen. Während ihr aufsteht, überlegt ihr, wohin ihr gehen werdet. Wenn ihr geht, denkt ihr darüber nach, was ihr essen wollt. So sind eure Gedanken ständig woanders und nicht da, wo Ihr gerade seid. In dem einen Augenblick aber, genau zwischen Vergangenheit und Zukunft, findet das Leben statt.«*

Der aktuelle Moment ist die Zeit, in der wir unser Leben gestalten können. Die Vergangenheit können wir nicht ändern. Die Zukunft können wir nur beeinflussen durch das Denken und Handeln im Jetzt. Daher sollten wir immer mit all unseren Sinnen bei dem sein, was wir gerade tun, und dort sein, wo wir tatsächlich sind. Um diese schöne Weisheit zu vertiefen, braucht es wenige Augenblicke der Übung.

Um sich da zu spüren, wo man gerade ist, hilft es, jeden Tag seine eigenen Wurzeln zu spüren und sie so zu kräftigen.

Kleine Rituale helfen, die Zeit intensiver wahrzunehmen. Sie machen jeden einzelnen Moment zu etwas Besonderem. Das Gewahrsein im Hier und Jetzt stärkt die Aura. Man wird gefestigter, in sich ruhender, weniger angreifbar von außen.

## Übung:

*Bereiten Sie sich Freude, so oft und so viel wie möglich. Gehen Sie spazieren, pflücken Sie einen Strauß Wiesenblumen, spielen Sie, tanzen Sie, singen Sie, leben Sie das Leben, ohne darauf zu warten, ob andere dabei mitziehen. Warten Sie nicht darauf, dass die Menschen in Ihrer Umgebung Sie bei Ihrem Tun begleiten oder Sie gar dazu auffordern. Die haben vielleicht gerade andere Aufgaben. Fangen Sie einfach an, ganz für sich. Sie werden sehen, es lohnt sich allein um der Freude willen – die passenden Menschen dazu finden sich von selbst ein.*

*Nehmen Sie sich zudem vor, mindestens drei Wochen lang jeden Abend zu sagen: »Danke für diesen Tag, danke für dieses Erlebnis.« Sie werden täglich etwas finden, wofür Sie dankbar sein können.*

Mit der Zeit erwachen Sie jeden Morgen voller Erwartung und Freude, was es denn heute sein wird, das zum besonderen Ereignis des Tages wird und zu Ihrem Wohlgefühl beiträgt. Damit zeigen Sie, dass Sie bereit sind, ein erfülltes Leben anzunehmen.

*Lassen Sie Ihr Leben reich werden – reich an Erfahrungen, an Erlebnissen, reich an Freude und Liebe.*

# Problemlösung ganz praktisch

*In* eine ausweglose Situation zu geraten kann jedem passieren. Das ist weder ein Zeichen von Schwäche noch von Untauglichkeit. Es gehört zu den ganz normalen Herausforderungen, vor die wir im Laufe unseres Lebens gestellt werden. Was nicht heißt, dass es leicht wäre.

Wissen Sie, was im alten Griechenland eine Tragödie ausmachte? Der Held hatte zwei Wege zur Wahl, und beide führten ins Unglück. Und das war keineswegs nur im Altertum so. Auch heute gibt es viele Schicksale, bei denen man das Gefühl hat, es gäbe keine Wahl. Was man tut, scheint ins Leere zu führen, scheint die Probleme nur noch zu vermehren.

Die meisten Menschen kennen tatsächlich nur zwei Wege, mit einem Problem umzugehen:
1. Sie machen die Augen zu und schauen weg.
   Sie handeln nicht.
2. Sie fixieren das Problem und handeln daher so,
   dass sich die Schwierigkeiten verstärken.

Schauen wir uns diese Möglichkeiten genauer an: Das, worauf wir unsere Aufmerksamkeit richten, verstärkt sich bekanntlich. Wo wir hinschauen, da fließt die Energie hin. Wenn wir uns nun ausschließlich auf ein Problem konzentrieren, dann erhält dieses sowieso schon belastete Thema mit der Aufmerksamkeit, die wir ihm schenken, immer mehr Gewicht, damit auch mehr Energie. Das Problem wird genährt, es wird immer stärker und nimmt schließlich den gesamten Raum unseres Lebens ein. Es füllt unser Denken, bis wir nichts anderes mehr sehen als eben dieses Problem und uns ganz danach ausrichten.

Vor den Problemen im Leben die Augen zu verschließen ist allerdings ebenso wenig hilfreich. Denn das, was man nicht anschaut, kann auch nicht gelöst werden. Womit wir uns nicht auseinandersetzen, das sackt ab ins Unterbewusstsein. Hat es sich dort erst einmal eingenistet, ist es schwer, es von dort wieder ans Tageslicht zu holen. Es gärt und arbeitet im Untergrund, bis es schließlich bei unpassendster Gelegenheit ein Ventil findet und ausbricht.

Stellen Sie sich diese beiden Methoden bildlich vor. Nehmen wir an, Ihr Problem stellt sich als ein Steinhaufen dar, der in dem Garten Ihres Lebens liegt. Gehen Sie nun immer näher an den Steinhaufen, also an das Problem heran, bis Sie schließlich mit der Nase darauf stoßen. Sie werden den Steinhaufen, damit auch das Problem, als immer größer und wichtiger empfinden. Der grüne und blühende Garten dahinter verschwindet dagegen aus Ihrer Wahrnehmung. Sie haben kein Auge mehr dafür. Bei der zweiten Variante liegt in Ihrem Garten ebenfalls besagter Steinhaufen. Sie wollen ihn keinesfalls sehen und machen die Augen zu. Lieber tappen Sie blind durch Ihren Garten. So können Sie leider dessen Schönheiten auch nicht sehen. Und Sie müssen ständig in der Angst leben, über den blöden Steinhaufen zu stolpern und sich zu verletzen.

Sie sehen schon: Beide Möglichkeiten stellen keine Problemlösung dar. Sie verschlimmern die kritischen Punkte nur. Und doch zählen sie zu den am häufigsten gewählten Wegen, mit Problemen umzugehen. Weil sie so einfach sind. Zumindest im ersten Moment. Schon im zweiten Moment erweisen sie sich als unendlich schwierig.

Da muss es doch noch eine dritte Möglichkeit geben? Genau, die gibt es auch! Manche Dinge sind aber so komplex, dass sie sich tatsächlich für den Moment nicht lösen lassen. Weil wir vernetzt sind, von anderen abhängig, eben nicht allein auf der Welt. Da ist man nicht immer am Zug. Es ist wie bei einem Spiel: Manchmal sind die anderen an der Reihe, man selbst muss abwarten – je nach Veranlagung zähneknirschend oder gelassen.

## Übung:

*Eine einfache Strategie hat sich bewährt: Schauen Sie sich Ihr Problem furchtlos und genau an. Gönnen Sie sich täglich aber nicht mehr als eine Stunde dafür, vielleicht sogar zu einer von Ihnen selbst festgelegten Zeit: »Von 17 bis 18 Uhr darf ich mir Sorgen machen.« In dieser Stunde grübeln Sie nach Herzenslust. In der übrigen Zeit ist das tabu. Die ist zum Leben da. Damit vermeiden Sie, Ihr gesamtes Sein nur noch auf Ihr Problem auszurichten oder es zu verdrängen. Holen Sie sich in dieser »Problemstunde« wieder das Bild des Gartens mit dem Steinhaufen vor Augen. Schauen Sie die Steine eine Weile an. Stellen Sie sich vor, dass Sie einen Stein aufnehmen und ihn wegtragen, an einen Ort, an dem er gebraucht wird, an der Grundstücksgrenze beispielsweise. Nehmen Sie immer nur einen Stein,*

*einen kleinen, wenn Sie müde sind, einen großen, wenn Sie topfit sind. Kehren Sie in Ihrer Vorstellung wieder zu Ihrem Steinhaufen zurück. Stellen Sie sich dann vor, dass Sie den Blick heben. Lassen Sie Ihre Augen über den Garten schweifen, erkennen Sie die Farben und Formen, die Blüten, wenn es ein Frühlingsgarten ist, die Früchte im Sommergarten, das bunte Laub im Herbstgarten oder die Schneekristalle, wenn es sich um einen winterlichen Garten handelt. Doch bleiben Sie nicht dabei. Schauen Sie über Ihren Garten, über den Zaun hinaus. Schauen Sie weit darüber hinaus. Noch weiter. Bis zum Horizont oder darüber hinaus. Stellen Sie sich dort ein Ziel vor, eines, das Sie schon kennen und das Sie erreichen wollen. Eine Sehnsucht, die Sie in Ihrem Herzen hegen und die Sie über alle Hürden hinweg tragen wird.*

*Halten Sie sich nicht mit Details auf. Welche Zertifikate Sie brauchen, welche Ausrüstung nötig ist und wie Sie andere Menschen überzeugen werden, diese und ähnliche Fragen lassen sich klären, wenn Sie erst losgegangen sind. Das Ziel selbst ist es, das Ihnen die Kraft gibt, dorthin zu gelangen. Wenn Sie Ihr Ziel noch nicht genau benennen können, dann stellen Sie sich ein Licht vor, das am Horizont brennt und bis zu Ihnen scheint. Lassen Sie sich von diesem Licht leiten und führen. Und immer, wenn Sie mit der Nase wieder einmal zu dicht am Steinhaufen sind, oder wenn Sie die Augen verschlossen haben, dann heben Sie den Blick, bzw. öffnen Sie die Augen, und schauen Sie zum Licht.*

Und dann? Die Steine haben Sie mittlerweile abgetragen, Stück für Stück. Wenn man sich nämlich immer nur mit einem Teilaspekt eines Themas beschäftigt, gelingt die Lösung ganz gut. Der Steinhaufen (das Problem) wird nach und nach kleiner, Sie dringen zum Kern vor, der dann gar nicht mehr so furchterregend ist, weil klein und überschaubar. Den packen Sie schließlich auch.

Ihr Ziel, das Licht, aber bleibt, es wird nie verlöschen. Denn wer ein Ziel hat, findet Mittel und Wege, es zu erreichen. Es ist die Orientierung, die die Kraft gibt, Hindernisse zu überwinden, die dem Leben einen Sinn gibt und eine Richtung. Vergessen Sie nie, auch nicht in einer Situation, die völlig ausweglos erscheint: Es gibt immer einen dritten Weg. Und es gibt immer einen Ausweg aus Dunkelheit, Angst und Leere. Man muss sich nur entscheiden, das Licht sehen zu wollen und loszugehen.

*Übrigens: Wenn Sie Symbole lieben, legen Sie sich in Ihrem Garten einen echten Steinhaufen an, um daran die Lösungsstrategie zu üben.*

# Annehmen, was ist

Mit der Zeit werden Sie etwas Großartiges lernen:

*Sie werden sich selbst so annehmen, wie Sie sind.*

Sie werden Ihr Leben und das der anderen akzeptieren können. Sie werden Ihre scheinbare Schwäche der erhöhten Sensibilität als Stärke wahrnehmen. Sie werden aufhören, sich und andere zu kritisieren. Und Sie werden weder sich noch andere niedermachen.

Die anderen akzeptieren, sich selbst akzeptieren, die Umstände akzeptieren – wird man mit solchen Verhaltensweisen zum naiven Dulder, der alles mit sich machen lässt? Nein, ganz sicher nicht. Akzeptanz ist sogar höchst wertvoll, sie ist der erste Schritt hin zu Weisheit und Reife. Akzeptanz bedeutet nämlich nicht »hinnehmen«, sondern »annehmen«. Darin liegt ein großer Unterschied. Erst wenn man die Dinge so sieht und annimmt, wie sie sind, ist man frei von Illusionen, von falschen Erwartungen und auch von Schuldgefühlen. Das heißt, man ist frei von Blockaden. Dies öffnet den Zugang zu wahren Energieströmen: Man erringt damit die Macht, gewünschte Veränderungen herbeizuführen.

Die Dinge sind, wie sie sind. So sollte man sie auch sehen und nicht versuchen, ein Konstrukt um sie herum zu errichten. Das macht doch alles erst kompliziert, die Dinge und das Leben.

Eine schöne Geschichte dazu gibt es aus Indien:
*Ein Yogalehrer legte zwei Bambusstäbchen schräg aneinander und fragte seine Schüler, was sie sähen. »Ein V«, sagte einer, »einen Pfeil«, ein anderer, »eine Tüte«, meinte ein dritter. »In Wahrheit«, so der Lehrer, »handelt es sich hier um zwei Bambusstäbe. Das V, der Pfeil, die Tüte, das ist das, was ihr daraus macht.«*

Wenn wir nachdenken und ehrlich zu uns sind, müssen wir uns eingestehen, dass wir sehr, sehr oft in einfachen Dingen etwas anderes vermuten, dass wir Zusammenhänge und Hintergründe hineininterpretieren, wo gar keine sind. Wir sind uns so sicher, dass die anderen dies und jenes denken, wir wähnen alle möglichen Gründe für einen Erfolg und noch mehr für ein Scheitern.

Dabei könnte es so einfach sein. Zu lernen, die Dinge zu sehen, wie sie sind, ist der erste Schritt. Sehen lernen also. Der zweite Schritt ist, die Dinge so zu lassen, wie sie sind. Wir können andere Menschen nicht ändern, wir können meist auch die Umstände nicht ändern. Das Einzige, das wir ändern können, ist unsere eigene Person. Doch da gilt es, erst einmal uns selbst anzunehmen. Und zwar so, wie wir jetzt sind. Ohne uns schönzureden, aber auch ohne uns zu verurteilen, ohne uns niederzumachen.

Ein klares Bild von sich selbst zu bekommen ist aber gar nicht so einfach. Die meisten fangen damit an, dass sie Informationen von anderen einholen: »Mögen die mich oder werde ich abgelehnt?« Dann fangen sie an, sich selbst mit anderen zu vergleichen: »Sind die anderen besser als ich, erfolgreicher, schöner, gesünder, wohlhabender?« Wie auch immer die Antworten ausfallen: Sie verhelfen nie und nimmer zu einem dauerhaft guten Selbstwertgefühl. Sich mit anderen zu vergleichen war noch nie eine gute Methode, um glücklicher zu werden. Selbst wenn man schlechte Beispiele findet und man selbst besser wegkommt, hält die Kraft, die man aus solchen Vergleichen zieht, nicht wirklich lange an.

Vergleichen schadet. Es lenkt von den eigenen Qualitäten und Schwächen ab. Es verzerrt den Blick auf das, was ist. Besser wäre, sich immer wieder bewusst zu machen, dass jeder Mensch einzigartig ist. Und dass dazu eben auch Fehler gehören. Die sind ja schließlich dazu da, dass wir uns weiterentwickeln.

Doch gerade mit den Fehlern ist es so eine Sache. Jeder hat welche in seinem Leben gemacht, die meisten nicht zu knapp. Genau deswegen hadern so viele Menschen mit ihrer Vergangenheit. Viel Zeit und Energie wenden sie darauf, sich mit diesem unabänderlichen Teil ihres Lebens auseinanderzusetzen. Das mag bei ganz großen Dramen eine Zeit lang richtig sein. Doch im Normalfall besteht kein Anlass, sein komplettes Leben an der Vergangenheit auszurichten.

Natürlich hat es Fehler gegeben. Vieles würden wir jetzt, mit der heutigen Erfahrung anders machen. Aber diese Erfahrung hatten wir damals nicht. Wir können also getrost davon ausgehen, dass wir bei jeder Entscheidung in unserem Leben eines gewollt haben: Es richtig zu machen. Denn auch wenn wir uns einmal nicht sicher waren und uns nur mit halbem Herzen entschieden haben, so haben wir uns doch dafür entschieden und nicht dagegen. Das gilt auch für Entscheidungen, bei denen wir nicht unserem eigenen Herzen folgten, sondern bei denen wir auf andere Menschen hörten. Dies war uns damals eben wichtiger.

Manche klagen noch im Alter darüber, dass sie als junger Mensch eine bestimmte Ausbildung machen mussten oder dass sie sich in eine Ehe drängen ließen. War das wirklich ein unentrinnbarer Zwang? Sie hätten doch auch davonlaufen können. Sie haben es nicht getan. Warum nicht? Weil ihnen das Davonlaufen als noch qualvoller und schwieriger erschien? Oder weil sie anderen nicht wehtun wollten? Aber das sind doch Gründe, gute Gründe sogar. Sie könnten jetzt mit Überzeugung und aus vollem Herzen sagen: »Ich habe mich für diesen Weg entschieden, und ich stehe dazu.«

*Es ist unendlich befreiend,*
*zu seinen Entscheidungen*
*zu stehen – auch nachträglich.*

Ist man endlich mit seiner Vergangenheit im Reinen, gilt es, sich an die Gegenwart zu machen. Denn in der Gegenwart gestalten wir die Zukunft. Es hat keinen Sinn, endlos in der Vergangenheit zu kramen, wenn wir eine schönere Zukunft haben möchten. Wir müssen jetzt die Weichen anders stellen. Die Gegenwart ist die einzige Zeit, in der Handeln möglich ist.

Das aber versäumen viele Menschen. Sie zaudern und zögern, oftmals aus Angst, erneut Fehler zu machen. Keine Entscheidung ist aber auch eine Entscheidung. Man entscheidet sich nämlich dafür, vor allen Türen stehen zu bleiben und nur davon zu träumen, was wäre, wenn man eintreten würde …

Glücklich und zufrieden macht das jedenfalls nicht. Und eine schöne und erfüllte Zukunft erschaffen wir uns mit dem Nicht-Handeln auch nicht. Es gilt auch hier zu akzeptieren, dass wir unvollkommen sind und dennoch handeln müssen (oder dürfen?) – und dass genau dies unsere Besonderheit und Einzigartigkeit ausmacht. Diese Einsicht macht uns frei!

Die amerikanische Familientherapeutin Virginia Satir hat eine Liste von »fünf Freiheiten«* aufgestellt. Diese sind:

Die Freiheit zu sehen und zu hören, was ist, statt zu sehen und zu hören, was sein sollte oder einmal sein wird.
Die Freiheit zu sagen, was du fühlst und denkst, statt zu sagen, was du darüber sagen solltest.
Die Freiheit zu fühlen, was du fühlst, statt zu fühlen, was du fühlen solltest.
Die Freiheit, um das zu bitten, was du möchtest, statt immer auf Erlaubnis dazu zu warten
Die Freiheit, um der eigenen Interessen willen Risiken einzugehen, statt sich dafür zu entscheiden, »auf Nummer sicher zu gehen« und , »das Boot nicht zum Kentern zu bringen«.

Diese Freiheiten sollten wir uns alle gönnen. Sie sind die Basis für ein gutes und selbstbestimmtes Leben. Also:

*Nehmen Sie Ihr Leben in die Arme,*
*drücken Sie es liebevoll ans Herz –*
*und zwar so, wie es ist.*

# Die Heilkraft des Alleinseins

Zwischendurch ist es durchaus ratsam, sich von der Masse zurückzuziehen. Auch nette Kollegen und eine liebe Familie können einen sensiblen Menschen ganz schön fordern. Ein Abend ganz für sich, ein Tag allein oder gar ein Urlaub, in dem man nur für sich ist, können für eine gespürstarke Seele sehr heilsam sein.

Bei manchen wiederum ist dieser Wunsch nach dem Alleinsein so stark ausgeprägt, dass sie fast zu viel davon haben. Sie leben – unfreiwillig? – allein. Das Fragezeichen deshalb, weil das Unterbewusstsein auch heimliche, unausgesprochene und nicht gedachte Wünsche erfüllt. Wenn sie dazu stehen, kommen sie gut damit zurecht. Solange es ihnen aber nicht bewusst ist, dass ein Teil von ihnen diesen Zustand tatsächlich gesucht hat, werden sie es weit von sich weisen, dass sie es sich je gewünscht haben. Nicht im entferntesten Winkel ihrer Seele, so meinen sie, würden sie sich nach dem Alleinsein sehnen. Die Aussicht, allein zu sein, bleibt ein rotes Tuch. Ändern wird sich die Einstellung dazu erst, wenn sie das Alleinsein annehmen können. Dann nämlich fungiert ein Gefährte nicht mehr als Schutz vor dem Alleinsein, nicht mehr als Lückenbüßer, sondern kann ein echter Partner sein.

*»Wer einsam ist, der hat es gut, weil keiner da, der ihm was tut«,* so sagte schon Wilhelm Busch vor über hundert Jahren. Der Schriftsteller hatte die seltene Fähigkeit, jeder Lage ein Lächeln abzugewinnen. Darum geht es doch: eine Situation, die wir weder gewünscht noch gewollt haben, trotzdem zu

meistern. Wir wollen das Positive in ihr erforschen, wollen Freude empfinden am Leben, so wie es ist. Mit dem Alleinsein jedoch können viele eben nicht gut umgehen. Dabei wäre auch das nicht so schwer. Denken Sie an positive, humorvolle Menschen wie Wilhelm Busch, und Ihnen wird klar: Aus jeder Situation im Leben lässt sich etwas machen. Jede Situation lässt sich aber genauso ungenutzt verstreichen.

Wir können einen Familienausflug genießen, mit den Kindern spielen und mit ihnen über ihre Entdeckungen lachen. Wir können uns aber auch über Geschrei und kleine Streitereien aufregen und damit nicht nur uns den Tag vermiesen.

Und wenn wir allein sind?

Wir können uns über die Farben und den Duft einer Sommerwiese erfreuen, während wir im Gras liegen und den fernen Wolken zuschauen. Wir können uns auch über Mücken und Ameisen ärgern und uns um ein eventuell aufziehendes Gewitter sorgen.

Wir können in ein Café gehen, den Lieblingskuchen essen und das Leben schön finden. Wir können stattdessen die müde Bedienung kritisieren und uns selbst dafür, dass wir schon wieder Kuchen essen.

Wir können mit Interesse an unsere Arbeit gehen und ihren Wert schätzen. Wir können die Arbeit auch murrend verrichten, während wir an die dürftige Entlohnung denken.

Einen Tag, den wir nur mit uns selbst verbringen, können wir für Meditation, künstlerische oder spielerische Betätigung nutzen. Wir können uns schöne Ziele setzen. Wir können uns an diesem Tag aber auch ablenken und unsere Aufmerksamkeit zerstreuen, bis wir nur noch ein Schatten unserer selbst sind.

Wir haben die Wahl. Immer.

Und wenn es nicht nur ein Tag ist, sondern es viele Tage sind, an denen wir allein sind?

Auch dies muss nicht notwendigerweise zur Belastung werden. Wer allein ist, findet zu sich selbst. Religionsgründer und Weise gingen aus diesem Grund für einige Zeit in die Wüste. Heilige zogen sich als Einsiedler in die Natur oder in ein Kloster zurück. Bei Indianern war es üblich, einige Zeit allein in die Wildnis zu gehen, um erwachsen zu werden. Vielleicht ist das Ihre momentane Aufgabe: zu sich selbst zu finden und Ihre Seele erwachsen werden zu lassen. Nehmen Sie die Aufgabe an!

Wovor also haben wir Angst?

## Übung:

*Wenn die Gedanken zu viele werden, sodass sie uns regelrecht überströmen, schreiben wir sie auf, sie ordnen sich dadurch und werden klarer. Wenn die Gedanken zu wenige werden, wir eine unangenehme Leere im Kopf verspüren, können wir sie durch Musik oder Bücher anregen.*

Aber was, wenn wir allein sind und lieber in Gesellschaft wären? Oder wenn wir unter Menschen sind und gerne allein wären? Ja, man kann es sich auch kompliziert machen und sich immer genau das Gegenteil dessen wünschen, was man hat. Dann hilft nur eines:

*Umschalten. Hinschauen.*
*Sehen, was ist.*
*Und annehmen, wie es ist.*

Eine Situation lässt sich schließlich nicht dadurch ändern, dass man sich über sie beklagt. Sie lässt sich dadurch verändern, dass man sie erst einmal annimmt. Also: Wer allein ist, sollte das Alleinsein annehmen und etwas Gutes daraus machen. Wer in Gesellschaft ist, sollte die Menschen um sich

144

herum annehmen und auch etwas Gutes aus seiner Situation machen.

Wie schon gesagt: Wir haben immer die Wahl. Es ist eine Sache der Einstellung. Wir können uns entscheiden.

Erfahrungsgemäß haben sensible Menschen meist kein Problem mit dem Alleinsein. Eher empfinden sie die Gegenwart anderer als lärmend und auslaugend. Sie haben nicht wie andere das ständige Bedürfnis, sich auszutauschen und über alle Erlebnisse zu reden. Lieber ziehen sie sich zurück und verarbeiten die vielen Eindrücke eben nicht durch ein Gespräch, sondern beispielsweise durch Nachdenken, Schreiben oder Malen.

Die Gefahr, die dabei entsteht, ist, dass sie immer weniger mit anderen Menschen zu tun haben wollen – und es auch immer weniger können. Sie verlieren an Sicherheit, trauen sich immer seltener, unter Menschen zu gehen und Kontakte zu schließen. Sie isolieren sich immer mehr.

Sie sind schließlich wie durch eine unsichtbare Wand von anderen Menschen getrennt. Sie haben diese Mauer um sich herum aufgebaut, damit sie stark bleiben können. Wie ein Burgturm soll ihnen diese Mauer Schutz geben. Sie wollen endlich nicht mehr angreifbar sein. Leider haben sie nicht bemerkt, dass sie damit Kontakte unmöglich machen. Die Gefahr ist groß, dass sie vereinsamen, ängstlich und verbittert werden. Würden sie nun die Mauer plötzlich einreißen, wären sie der Energie der anderen schutzlos ausgeliefert. Das macht ihnen zurecht Angst. Es wäre auch der falsche Weg. Wieder Kontakt aufzunehmen darf nur nach und nach geschehen.

Sich regelmäßig in den eigenen Burgturm zurückzuziehen ist dennoch keine schlechte Idee für sensible Zeitgenossen. Sie müssen lediglich darauf achten, Türen und Fenster in ihr virtuelles Gemäuer einzubauen oder sich einen geschützten Garten als Rückzugsort zu schaffen. Das Gefühl des Eingesperrtseins kann dann gar nicht erst aufkommen.

Das heißt, sie sollten immer wieder bewusst den Kontakt nach außen suchen. Doch das Wissen um einen eigenen geheimen Rückzugsort kann ihnen auch im größten Trubel weiterhelfen. Sie können so immer wieder die Ruhe in sich selbst finden.

Wohldosiert kann das Alleinsein also wunderschön und aufbauend sein.

*Im Alleinsein begegnen wir*
*schließlich uns selbst.*

Der Spiegel unseres Verhaltens, den uns die anderen immer vorhalten, fällt weg, wir müssen uns mit uns selbst und mit unseren eigenen Gedanken beschäftigen. Die Zeit des Alleinseins sollte insbesondere bei sensiblen Menschen begrenzt sein, aber sie lässt sich wunderbar nutzen und darf Früchte tragen.

Und noch etwas: Meist gelingen gemeinsame Aktivitäten erst dann richtig gut, wenn wir mit uns allein gut zurechtkommen. Auch für eine gesunde Partnerschaft ist dies entscheidend. Denn nur dann ist gewährleistet, dass wir Kraft und Liebe geben und nehmen können. Wir saugen die anderen energetisch nicht aus, was sie unbewusst in Abwehrhaltung zurückzucken ließe. Wir lassen uns auch nicht aussaugen, was uns die eigene Stärke kosten würde. Wir sind mit uns im Reinen. Wir sind in Harmonie.

Wenn Sie das nächste Mal ganz für sich sind, nutzen Sie dieses Alleinsein, indem Sie Ihr Zimmer mit Blumen schmücken, eine Kerze anzünden und über ein tiefgründiges Symbol meditieren. Es wird eine kostbare Zeit!

# Traumreisen zu den Inseln des Glücks

Aktivitäten sind wichtig. Struktur im Leben ist wichtig. Aber nicht nur. Gerade sensible Menschen brauchen auch viel Zeit, um alles zu verarbeiten und sich zu regenerieren. Für sie ist es umso wichtiger, bewusst Ruhephasen einzubauen. Zu viele Aktivitäten und zu viele Verpflichtungen drücken auf ihr Gemüt. Stress macht sich breit. Überlastung droht. Warten Sie nicht, bis Zusammenbruch und Krankheit einen Fuß in Ihre Tür gesetzt haben. Reagieren Sie rechtzeitig. Sorgen Sie der völligen Überlastung vor, und finden Sie Ihre kleinen Fluchten. Vergleichen Sie sich nicht mit anderen Menschen, die scheinbar ständig leistungsfähig sind. Die sind anders strukturiert und haben auch andere Aufgaben in ihrem Leben zu bewältigen. Nehmen Sie Ihre Bedürfnisse wahr, und nehmen Sie sie ernst.

Es ist nicht gut, sich ausschließlich um Körper und Geist zu kümmern und die Sehnsüchte der Seele zu missachten. Genauso wenig kann es natürlich auf Dauer gut gehen, Körper und Geist zu vernachlässigen. Es gilt, Körper, Seele und Geist in Einklang zu bringen – oder zumindest alle drei auf ihre Weise zu würdigen.

Achten Sie darauf, wohin es Ihr Herz zieht. Als sensibler Mensch werden Sie diese feine und leise innere Stimme kennen. Andere brauchen Ruhe und Zeit, um sie überhaupt wahrzunehmen. Doch mit etwas Übung kann sie jeder hören, der bereit ist, nach innen zu lauschen und einen guten Kontakt zu seiner Seele aufzubauen.

Das ist so wichtig! Wir sind schließlich nicht zufällig hier auf der Erde. In unserem Innersten haben wir, davon können wir ausgehen, eine klare Vorstellung davon, was wir uns vor dem Eintritt ins Leben an Aufgaben vorgenommen haben. Wir haben ein geheimes Wissen davon, was wir in unserem Leben lernen und verwirklichen möchten.

Im Trubel des Alltags und mit den vielen Einflüssen durch andere Menschen, durch Gesellschaft und Werbung geht dieses Wissen oftmals einfach unter. Die innere Stimme wird nicht mehr gehört. Als bohrende und scheinbar grundlose Traurigkeit, als unerfüllte Sehnsucht kann es sich jedoch äußern. Ein hartnäckiges Weigern, auf die Bedürfnisse seiner Seele einzugehen, kann sogar in Krankheit und Ausgebranntsein münden. Dabei braucht es gar nicht viel, um sich auf die Seelenebene einzuschwingen.

Nicht immer braucht man einen langen Urlaub, um sich wieder fit zu fühlen. Unsere Zeit scheint immer schneller zu vergehen, warum also sollte nicht auch das Entspannen schneller gehen? Techniken wie sie im autogenen Training, Yoga oder bei diversen Meditationen gelehrt werden, versprechen ein Gefühl von Erfrischung schon innerhalb weniger Minuten.

Machen Sie sich mit diesen Techniken vertraut. Dann reicht es auch, sich nur kurz zurückzuziehen und eine dieser Entspannungsübung anzuwenden, quasi nebenbei.

*Übung:*

*Die einfachste Körperübung ist, nacheinander alle Muskeln anzuspannen und zu entspannen. Machen Sie die Übung einfach nach Gefühl. Atmen Sie mehrere Male langsam tief ein und aus. Dann spannen Sie einzelne Muskeln an, halten diesen Zustand kurz und entspannen sich wieder. Gehen Sie in Ruhe Ihren Körper durch: Füße, Beine, Rücken, Bauch, Brust, Arme, Hände, Hals und Kopf. Anspannen – Halten – Entspannen.*

*Übung:*

*Eine andere Art, die noch schneller geht, ist, sich kräftig zu schütteln. Auch damit lockert sich der ganze Körper. Vertrauen Sie auf die Wechselwirkung zwischen Körper, Geist und Seele. Diese bewirkt, dass sich die Entspannung in die anderen Bereiche hin ausdehnt.*

Doch es sind nicht allein die Körperübungen, die Stress von uns nehmen. Es sind die Ausflüge der Seele ins Reich der Fantasie. Intuitiv haben Sie diese virtuellen Reisen bestimmt schon oft gemacht – und sich dann vielleicht gebremst und unsanft zurückgeholt, weil es ja von den Alltagspflichten ablenkt. Solche Traumreisen und Tagträume sind aber höchst wertvoll. Wenn Sie sie bereits kennen, lassen Sie sie ab jetzt wieder häufiger zu. Wenn nicht, nehmen Sie sich bewusst Zeit dafür, um sie kennenzulernen.

*Trauen Sie sich zu träumen.*

*Übung:*

*Wenn der nächste Sommertag, der nächste Urlaub weit weg ist, dann warten Sie nicht bis dahin. Setzen Sie sich in einen bequemen Sessel, oder machen Sie es sich auf dem Sofa gemütlich. Oder nehmen Sie einfach einmal die Hand von der Computermaus, lehnen Sie sich im Bürostuhl zurück, und lassen Sie die Gedanken fliegen und die Tagträume kommen. Lehnen Sie sich zurück, und schließen Sie die Augen. Unternehmen Sie eine innere Reise zu Ihrer Insel des Glücks. Stellen Sie sich eine Umgebung vor, die Ihnen wirklich gut gefällt. Ob Meer und Palmen, ob grüne Hügel oder ein Waldrand – malen Sie sich das Bild Ihres schönen Ortes in allen Details aus. Schauen Sie, ob Blumen blühen, ob Sie Fische oder Vögel sehen, einen Delfin oder ein Reh. Sehen Sie sich in diesem Bild, sehen Sie sich, wie Sie glücklich unter einem Baum sitzen, wie Sie schwimmen, spazieren gehen oder im Gras ruhen. Wenn Sie sich so richtig an der Schönheit Ihres Entspannungsortes sattgesehen haben, kehren Sie gestärkt wieder zurück in Ihre Wirklichkeit.*

*Wenn Sie darin schon ein wenig Übung haben, können Sie auf Ihrer geistigen Reise auch um eine Botschaft bitten. Lassen Sie sich auf folgende Vorstellung ein: Es ist ein warmer Sommertag. Sie liegen in der Hängematte und träumen vor sich hin. Sie sehen den Wolken zu, wie sie vorbeischweben. Die eigenen Gedanken tauchen auf und verschwinden wie die Wolken. Die Gedanken kommen und gehen. An nichts beißen Sie sich fest. Ihr Atem wird tiefer, Ihre Glieder entspannen sich. Schließlich tauchen Bilder auf, bunte Bilder: Sie sehen sich malen. Sie sehen sich durch den Wald laufen. Sie sehen sich einen Blumenstrauß pflücken. Sie sehen sich einen Ausflug zu Ihrem Geburtsort machen. Sie sehen sich, wie Sie Ihr Wohnzimmer in einem sanften Grün streichen. Sie sehen sich, wie Sie täglich eine halbe Stunde mit süßem Nichtstun verbringen.*

*Es können einfache Wünsche sein, Bilder aus den Kindertagen, witzige Ideen, etwas zum Tun, etwas zum Nichtstun. Was auch immer auftaucht: Es kommt aus Ihnen, es gehört zu Ihnen, es ist eine Botschaft von Ihrer Seele. Bewerten Sie es nicht, urteilen Sie nicht darüber. Lassen Sie es einfach geschehen. Zurück in Ihrer realen Welt, setzen Sie die Idee Ihrer Traumreise um.*

Solche Ausflüge müssen nicht lange dauern. Wer geübt ist, braucht zuweilen nur wenige Augenblicke, um das innere Bild herbeizuzaubern. Es ist wie eine permanente Quelle der Kraft, die uns immer zur Verfügung steht. Solche Übungen lehren uns, uns stärker auf uns selbst zu besinnen. So erkennen wir, was wirklich wichtig ist, nämlich unsere Gesundheit und unser innerer Frieden. Dann verzieht sich der Stress, und wir können uns für Liebe und Freundschaft wieder öffnen. Solch ein Schwebezustand ist also zutiefst erholsam. Sogar eine Urlaubswoche kann damit nicht konkurrieren.

*Tauchen Sie ein in den Strom
Ihrer inneren Bilder.*

Lassen Sie sie ablaufen wie einen Film. Fließen Sie mit. Schwingen Sie mit. Lassen Sie sich tragen, hierhin und dorthin.

Davor haben viele Menschen allerdings Angst. Sie haben Angst vor dem Fliegen, Angst loszulassen. Ein Schwebezustand ist ihnen unheimlich. Nicht greifbar, nicht beherrschbar. Sie fühlen sich ausgeliefert. Von ihrem Alltag her sind sie es gewohnt, die Dinge im Griff zu haben. Da funktioniert alles nach Plan. Lassen sie jedoch los und schwingen sich auf ihren inneren Traumpfad ein, kommt das große Zittern. Ihre Hauptsorge ist: »Was ist, wenn ich beim Tagträumen merke, dass mein bisheriger Lebensweg komplett falsch ist?«

Diese Furcht ist unnötig. Sie liegen nicht komplett daneben mit dem, was Sie machen. Warum auch, Sie haben es sich doch ausgesucht. Das eigentlich Bedrohliche ist die Leere in Ihrem Inneren. Schauen Sie hin. Trauen Sie sich, etwas von Ihrer gewohnten Sicherheit aufzugeben und in den Tag hineinzuträumen.

*Lernen Sie beim Tagträumen die
Wünsche Ihrer Seele kennen.*

Sie werden sehen: Das füllt Sie dann wirklich aus. Alles andere ist nur Beiwerk, gibt den Rahmen für den eigentlichen Inhalt. Sie können weiterhin beruflich erfolgreich sein, können managen, Termine wahrnehmen und gute Geschäfte machen. Sie können sich mit gesundem Essen und ausreichend Bewegung um Ihren Körper kümmern. Sie können eine Familie gründen und ein Haus bauen. Was immer Sie wollen, können

Sie tun. Doch je mehr Sie dabei Ihr Herz öffnen und die Sprache Ihrer Seele verstehen lernen, desto mehr wird die Freude in Ihnen wachsen.

# Das Geheimnis der Anfangsenergie

So wie ein regelmäßiger Rückzug vom Trubel der Welt wirksam sein kann, um seine zarte, verletzliche Seele zu schützen, so ist es auch wichtig, sich gut zu überlegen, wem man seine Gedanken preisgibt und wie viel davon. Wer nicht von Natur aus mit einem überstarken Selbstwert ausgestattet wurde, sollte darauf besonders gut achtgeben.

Stellen Sie sich vor, Sie haben eine Idee. Innerlich jubeln Sie, finden Ihre Idee super. Die Idee ergreift Besitz von Ihnen. Tag und Nacht denken Sie daran. Sie sind regelrecht dafür entflammt, stecken voller Begeisterung. Sie sprudeln über, wollen sich mitteilen. Da passiert es: Sie reden zu viel über Ihre Idee, zerreden sie, und mir nichts, dir nichts ist der schöne Schwung dahin.

Eigentlich wollen Sie ja nur Zustimmung hören, wenn Sie Freunden, Bekannten und Kollegen von Ihren Plänen erzählen. Sie wünschen sich, die anderen mögen sagen: »Oh, klasse, das ist aber super, was du vorhast, mach das mal.« Dann finden Sie, könnten Sie loslegen. So als würden Sie die Erlaubnis der anderen brauchen, zumindest aber deren Zustimmung. Deshalb reden Sie darüber.

Als sensibler Mensch sind Sie dafür besonders anfällig. Gerade während einer Entwicklungsphase, in der Sie Ihre Empfindsamkeit ausbauen, haben Sie mit schwankendem Selbstvertrauen zu kämpfen. Es ist nur natürlich, dass Sie sich dann Rat suchend an andere wenden und deren Unterstützung einfordern.

Doch das kostet Kraft. Merken Sie, dass Sie sich nach solchen Gesprächen schon ein wenig müder fühlen, etwas weniger Lust haben anzufangen? Von Mal zu Mal, von Reden zu Reden, wird dieses Gefühl der Lähmung stärker.

Und was passiert erst, wenn Sie eben nicht auf wohlmeinende Menschen treffen, sondern die Leute sagen: »Du spinnst doch, das ist nicht zu schaffen, das machen so viele und du jetzt auch.« Das nähme Ihnen den ganzen Wind aus den Segeln, nicht wahr? Mit großer Anstrengung müssten Sie das Feuer der Begeisterung neu anfachen. Vielleicht gelingt das schon nicht mehr. Der Zweifel nagt tief in Ihrem Herzen.

Mag sein, dass die Bedenken der anderen berechtigt sind. Vielleicht gibt es tatsächlich Punkte, die noch zu klären sind. Wenn dies so ist, machen Sie sich daran, und finden Sie Lösungen. Es könnte aber auch sein, dass die anderen sich Ihr Ziel einfach nicht vorstellen können. Niemals würden sie sich so etwas wünschen. Vergessen Sie nicht, die reagieren aber aus ihrer eigenen Warte heraus – sie können nicht anders. Deshalb raten sie Ihnen ab. Für Sie aber kann Ihr Ziel wirklich den ersehnten Traum bedeuten. Und den wollen Sie sich jetzt ausreden lassen?

Und was, wenn nur Neid und Missgunst dahinterstecken? Wie wollen Sie das wissen? Hüten Sie Ihre Pläne vor den alten Menschheitsgeißeln, von denen vermutlich keiner von uns ganz frei ist – gemeint sind Missgunst, Neid und Eifersucht. Negative Gefühle und Gedanken können so vieles beschädigen. Dabei geschehen diese Angriffe in den meisten Fällen gar nicht mit Absicht. Richtig schlecht sind die wenigsten Menschen. Die meisten denken und zerstören unbewusst, ohne es eigentlich zu wollen. Macht man sie darauf aufmerksam, erschrecken sie eher.

*Trauen Sie sich selbst! Wenn Sie etwas tun wollen, dann tun Sie es.*

Egal, was andere davon halten, was sie machen würden. Dabei spielt es keine Rolle, ob es sich um kleine oder große Projekte handelt, es trifft ein neues Hobby genauso wie den Aufbau einer Firma.

Zweifellos kann nicht jede Idee sofort in die Tat umgesetzt werden, manch ein Vorschlag verlangt genaue Überlegung, auch eine Beratung mit anderen Menschen. Aber wohlgemerkt: eine Beratung, ein ernst zu nehmendes Gespräch mit Helfern, kein Darüberreden, kein Hinausposaunen, keine Angeberei à la »Seht, was ich alles vorhabe, ich bin doch ein toller Hecht!«. Auch keine Ängstlichkeit und keine übertriebenen Zweifel: »Meint ihr, dass es gut ist, ja, dann trau ich mich vielleicht?« Es sind doch Ihre Pläne!

*Eine Idee zu haben ist wie ein persönlicher Frühlingsbeginn.*

Der Frühling ist eine besondere Zeit im Jahr, in der die Natur zu neuem Leben erwacht, in der das Wachstum über die Froststarre siegt. Jetzt gilt es, einen Anfang zu machen, ganz gleich, was vorher war. Der Frühling birgt den Pioniergeist, hier finden Sie die Energieform des raschen Aufflammens, des Machen-Wollens, des Vorwärtsdrängens – aber auch die Gefahr des Verpuffens, der mangelnden Ausdauer. Der erste Antrieb ist unvergleichlich kräftig, er ist wie eine hell auflodernde Flamme. Doch die Glut, die das Feuer nährt und erhält, muss noch geschaffen werden.

Lassen Sie Ihr Ideenpflänzchen in aller Ruhe wachsen und erstarken. Nehmen Sie sich Zeit für die Planung. Dann tun Sie mindestens den ersten Schritt zur Verwirklichung. Eine Menge Ideen auf der Welt bleiben im Sande stecken, zu schnell ist die Luft draußen. Man lässt sich ablenken, fühlt sich plötzlich wie blockiert und findet den Faden nicht mehr.

Es ist am Anfang nur eine bestimmte Menge an Antriebsenergie da. Wird die genutzt, um einen Plan in die Tat umzusetzen, entsteht hieraus neue Energie, das Projekt trägt sich irgendwann von selbst. Wird diese Anfangsenergie aber verbraucht, um darüber zu reden, um über den möglichen Erfolg zu philosophieren, dann verpufft sie, ohne sich zu materialisieren. Zurück bleibt ein enttäuschendes Gefühl der Leere, vielleicht sogar das Bewusstsein des Versagens.

Ist es so weit gekommen, sollten Sie sich aber eines klar machen: Es gibt immer wieder einen Frühling. Das heißt, es gibt immer wieder die Chance, noch einmal anzufangen. Auch aus der Erfahrung, eine Gelegenheit verpasst zu haben, lässt sich etwas lernen – vielleicht noch mehr als aus einer glatten Erfolgsserie. Kommen Sie zur Ruhe, geben Sie sich etwas Zeit. Sammeln Sie Ihre Energien neu, und dann machen Sie sich auf zu einem neuen Start. Diesmal haben Sie an Weisheit gewonnen und können mit konzentrierter Kraft loslegen. Und wenn es wieder nicht klappt? Dann eben nochmals und nochmals.

Wenn Sie diese Hürde geschafft und ein Pflänzchen gesetzt haben, dann gilt es, dieses zu pflegen, damit es wachsen und sich entfalten kann. Vielen erscheint dieser Entwicklungsschritt als besonders schwierig und mühsam. Doch Sie müssen nicht immer und ständig Höchstleistungen bringen. Es ist durchaus wertvoll, überhaupt ein paar Schritte zu gehen, hin zur Verwirklichung seiner Wünsche. Wie das geht, was Sie dafür tun müssen? Das ist ganz einfach: Tun Sie Ihr Bestes. Geben Sie Ihr Bestes, immer und bei allem, was Sie tun, ob für sich selbst, im Einsatz für Familie und Freunde oder in Ihrer Arbeit. Immense Vorteile erwachsen daraus für alle Beteiligten. Denn wie in allen Bereichen, so gilt auch hier:

*Wir erhalten zurück, was wir geben. Das ist ein kosmisches Gesetz.*

*»Wie du in den Wald hineinrufst, so schallt es zurück«*, sagt eine alte Volksweisheit, die im Grunde dasselbe ausdrückt.

Es funktioniert also so:

*Geben wir der Welt unser Bestes, erhalten wir von der Welt das Beste zurück.*

Köcheln wir auf Sparflamme, bleiben zwangsläufig auch die Gaben bescheiden. Das eine bedingt das andere. Das Leben ist nämlich im Grunde doch gerecht, wenn wir das auch oft nicht erkennen können.

Die Idee an sich finden viele Menschen faszinierend. Merkwürdigerweise schrecken sie aber gleichzeitig davor zurück. Die Anforderungen erscheinen ihnen zu hoch. Ein enormer Druck baut sich auf, Angst entsteht, dem Anspruch nicht gewachsen zu sein, die Begeisterung nicht aufrechterhalten zu können und schließlich wieder frustriert dazusitzen und festzustellen, dass sie wohl nicht gut genug waren.

Das ist aber mit diesem Spruch, der Welt das Beste zu geben, nicht gemeint. Wir dürfen nicht denken, wir müssten nun jeden Tag Höchstleistungen erbringen, nur weil wir uns vorgenommen haben, immer unser Bestes zu geben. Unser »Bestes« ist nicht jeden Tag gleich. An manchen Tagen ist unsere Leistungsfähigkeit sehr gering, sodass wir gerade mal das Nötigste schaffen. Dafür scheinen wir an anderen Bäume ausreißen und Berge versetzen zu können. Den Maßstab dürfen wir jeden Tag neu verschieben; ihn gleichbleibend an der Höchstgrenze anzusetzen, wäre falsch. Das würde ja wirklich nur Frust und Enttäuschung schaffen an all den vielen Tagen, an denen wir uns eben nicht an der Obergrenze aufhalten, sondern im Mittelmaß herumdümpeln oder auf Tauchgang zur Erholung sind.

Die meisten Menschen messen sich an der obersten Latte. Es fällt ihnen schwer zu akzeptieren, dass die Tagesform eben wirklich schwankt. So haben sie sofort ein schlechtes Gewissen, wenn sie tagelang lustlos und müde sind oder Vergnügungen dem Tiefgang und den Pflichten vorziehen. Dabei brauchen Körper, Seele und Geist so dringend diese Phasen der Erholung und Entspannung.

Es ist wie Einatmen und Ausatmen. Nur beides zusammen ermöglicht uns das Leben. Ausdehnen und Zusammenziehen, Geben und Nehmen, Einsatz und Erholung, Leistung und Entspannung, das alles sind Gegensatzpaare, die einander bedingen, das eine kann nicht ohne das andere. Wenn Sie also gerade in der Erholungsphase sind, dann entspannen Sie sich richtig, und quälen Sie sich nicht mit Selbstvorwürfen, dass sie schon wieder zu wenig tun. Wer sagt denn, dass das »Beste« immer Ihre Leistung betreffen muss? Als sensibler Mensch haben Sie ein sehr gutes Gespür und wissen, dass ausreichende Auszeiten unbedingt dazugehören. Vielleicht ist Ihr Bestes, das Sie an diesem weniger leistungsstarken Tag geben, dass Sie einem Menschen Ihr Lächeln schenken. Und das wäre ja nicht wenig, nicht wahr?

# Die Kraft der Elemente nutzen

Wer sich selbst kennt und anerkennt, ist kaum anfällig für Kritik von außen. Er steht fest auf dem Boden. Berechtigte Kritik nimmt er als Anregung zu Verbesserungen an. Giftige Angriffe weiß er davon zu unterscheiden und lässt sie einfach an sich abprallen. Er ruht in sich. Dahin zu kommen ist das Ziel. Viele machen sich auf den Weg, um sich selbst besser kennenzulernen. Doch sich zu kennen, ist das eine, sich dann auch noch zu mögen, ist ein weit schwierigeres Thema. Mit Selbstkritik und Selbstvorwürfen ist man da schnell bei der Hand. So vieles könnte besser sein, in so vielen Bereichen genügt man den eigenen Anforderungen nicht. Ein Windhauch scheint oftmals schon auszureichen, um den Selbstwert ins Wanken zu bringen, eine kleine Bemerkung genügt, und das Ich ist am Boden zerstört. Und doch gilt es, weiterzugehen und weiterzusuchen. Irgendwann ist das Ziel erreicht.

Bestimmt aber ist Ihnen auch folgendes Phänomen schon begegnet: Da gibt es Menschen, die kümmern sich nicht einen Deut darum, wer sie sind und wozu sie hier auf der Welt sind. Ihr Tag ist ausgefüllt mit Arbeit und Freizeitaktivitäten. Über sich selbst nachzudenken fällt ihnen nicht ein. Sie ruhen in sich, sind stabil und wirken unangreifbar. Warum? Vermutlich genau deshalb – weil sie sich eben nicht infrage stellen. Sie strahlen keine Unsicherheit aus, daher kommen auch andere nicht auf die Idee, diese Person infrage zu stellen.

Und doch muss das nicht so bleiben. Manchmal genügt ein einziger Schicksalsschlag, und das ganze schöne Weltbild bricht in sich zusammen. In anderen Fällen geschieht das ganze Leben über nichts dergleichen, das Gleichmaß, in dem diese Menschen leben, wird kaum erschüttert. Das ist durchaus nicht ungerecht. Es war vermutlich nicht die Aufgabe dieser Seelen, sich um geistige Höhenflüge und nicht sichtbare Welten zu kümmern. Vielleicht war es genug, den Garten zu bearbeiten und die tägliche Arbeit zu verrichten. Vielleicht sitzen tief in ihnen die Erinnerungen an schwere Zeiten und an lebensgefährliche Glaubenskriege. Und ihre Seelen haben sich gewünscht, einmal ein einfaches Leben führen zu dürfen, ohne Hunger, ohne Mangel und ohne innere Zerrissenheit. Wir kennen die Zusammenhänge nicht und wissen nichts über den höheren Auftrag. Deshalb dürfen wir uns auch nicht anmaßen, darüber zu urteilen.

Vielleicht kennen Sie auch beide Zustände – den ruhigen und ausgeglichenen und den instabilen, suchenden und wankenden. Vielleicht haben Sie eine Zeit erlebt, in der Sie in sich gefestigt waren. Doch dann ließ diese Sicherheit nach, und Sie gerieten aus dem Gleichgewicht. Es folgte eine Zeit, in der Sie herumirrten und alles infrage stellten. Solch ein Wechsel ist bei einer seelischen Entwicklung unumgänglich.

Trauern Sie nicht dem stabilen Zustand von einst nach. Sie können sich sicher sein: Sie werden wieder zu neuer Stabilität gelangen. Eine Entwicklung lässt sich sowieso nicht rückgängig machen. Haben Sie einmal angefangen, sich auf den Weg zu Ihrem Inneren zu machen, wird dieser Weg fast immer irgendwann auch holprig werden, um schließlich eine neue Festigkeit zu erreichen.

Es gibt auch immer mehr Menschen, die bereits als extrem sensible Wesen auf die Welt kommen. Das Ziel für alle aber ist ein gefestigter Selbstwert, eine aufrichtige Wertschätzung des Lebens, der Erde und ihrer Bewohner – ganz speziell auch der eigenen Person. Und für dieses Ziel lohnt es sich, diesen oftmals steinigen und unübersichtlichen Weg zu gehen. Immerhin wird unterwegs jede Menge Unterstützung angeboten.

Einer der bewährten Wege aus dem Altertum ist die Astrologie. Unbestechlich geben die Sterne Auskunft über das Wesen der Menschen. Es ist zwar höchst spannend, aber durchaus nicht notwendig, das gesamte astrologische Wissensgebiet zu studieren, um mehr über sich zu erfahren. Gerade wenn es um das eigene Innere geht, um das Selbst und die Lebenskraft, genügt es, sich auf das Sonnenzeichen zu konzentrieren oder auch nur auf das Element, mit dem die Sonne verbunden ist.

*Die Sonne steht für das Leben selbst,*
*das Ja zum Leben, die Lebenskraft.*

Das heißt: Wann immer Sie sich angegriffen, ausgelaugt und geschwächt fühlen, wenden Sie sich bewusst Ihrer Sonnenkraft zu. So können Sie weitaus schneller regenerieren. Was immer Sie unternehmen, um sich zu erholen, muss etwas Einfaches sein, das nicht viel Aufwand und Energie erfordert, denn die Kräfte schwinden wie in einer Abwärtsspirale. Unmittelbar wirksam ist es, sich mit dem Element des eigenen Sonnenzeichens zu verbinden und es zu fördern. Es ist, als würde eine Quelle angezapft. Beinahe sofort ist der kräftigende Energiestrom zu spüren.

Die Sonne ändert ihr Wesen, je nachdem in welchem Tierkreiszeichen sie steht. Die zwölf Tierkreiszeichen sind Widder (20.3. bis 20.4.), Stier (20.4. bis 21.5.), Zwillinge (21.5. bis 21.6.), Krebs (21.6. bis 22.7.), Löwe (22.7. bis 23.8.), Jungfrau (23.8. bis 23.9.), Waage (23.9. bis 23.10.), Skorpion (23.10.

bis 22.11.), Schütze (22.11. bis 21.12.), Steinbock (21.12. bis 20.1.), Wassermann (20.1. bis 19.2.) und Fische (19.2. bis 20.3.).

In welchem Tierkreiszeichen die Sonne im eigenen Horoskop steht, lässt sich also leicht feststellen – die meisten Menschen wissen es sowieso. Fragen Sie andere danach. Ohne nachdenken zu müssen, wird Ihnen jeder sagen können, ob er ein Widder, ein Stier, ein Löwe oder etwa eine Waage ist.

Lediglich an den Übergangstagen, wenn die Sonne ihr Zeichen wechselt, ist es notwendig, die Geburtszeit zu wissen. Damit lässt sich bestimmen, ob die Sonne noch in dem einen Zeichen steht oder bereits im nächsten. Mithilfe eines Astrologen oder über das Internet lässt sich herausfinden, in welchem Zeichen die Sonne an Ihrem Geburtszeitpunkt stand. Vielleicht spüren Sie es aber auch, wo es Sie hinzieht, wenn sie die Beschreibungen der zugehörigen Wirkungen und Elemente lesen.

Der nächste Schritt ist nun die Zuordnung des Tierkreiszeichens zu einem der vier Elemente des klassischen Altertums: Feuer, Erde, Luft und Wasser. Zum Element Feuer zählen die Zeichen Widder, Löwe und Schütze. Das Element Erde verkörpern Stier, Jungfrau und Steinbock. Das Element Luft tragen Zwillinge, Waage und Wassermann in sich. Die Tierkreiszeichen Krebs, Skorpion und Fische schließlich sind im Element Wasser beheimatet.

Grundsätzlich gilt: Steht Ihre Sonne in einem Feuerzeichen, machen Ihnen Aktivitäten aller Art Freude. Steht Ihre Sonne in einem Erdzeichen, werden Sie sinnliche Erfahrungen lieben. Mit Ihrer Sonne in einem Luftzeichen sollten Sie stets für vielfältige Anregungen sorgen. Steht Ihre Sonne in einem Wasserzeichen, tun Ihnen tiefe Entspannungsübungen gut.

Kein Zeichen ist besser als ein anderes, keines ist schlechter. Sie sind nur anders, haben andere Vorlieben, andere Anfälligkeiten und andere Bedürfnisse.

Die Feuerzeichen Widder, Löwe und Schütze lieben alles, was mit Bewegung zu tun hat. Eine Runde Joggen oder Fahrradfahren, sich im Fitnesscenter austoben, Ball spielen oder mit Kindern herumtollen – all das bringt die Feuerzeichen in Schwung. Die Hauptsache ist, sie bewegen sich.

Sind sie jedoch bereits auf dem Weg in ein Tief, fällt es ihnen vielleicht schon zu schwer, sich aufzuraffen, um Sport zu machen. Dann hilft es erst einmal, das eigene Element, das Feuer, zu stärken – und zwar ganz direkt: Zünden Sie eine Kerze an, machen Sie ein Feuer im Kaminofen, oder entfachen Sie draußen ein Lagerfeuer. Schon das Hantieren mit Feuer, das Schauen ins Feuer lassen den Strom des Lebens kraftvoll durch Ihre Adern fließen. Dann klappt es auch mit dem Sport wieder.

Widdergeborene brauchen nach jeder Anstrengung übrigens ausreichend viel Schlaf, um sich gut zu erholen. Bei Löwen ist es wichtig, dass sie ihren Sport regelmäßig ausüben. Schützen haben einen besonderen Hang zu Pferden, der Umgang mit diesen kann ihre Seele heilen.

Eine Extraportion Anregung schaffen Sie sich mit der richtigen Farbe. Ein Tuch oder ein Shirt in der Urfarbe Ihres Zeichens kann Sie rasch wieder ins Gleichgewicht bringen. Als Widder wählen Sie ein leuchtendes Rot, als Löwe Orange oder Gold. Der Schütze freut sich über Königsblau.

Steht Ihre Sonne in einem Erdzeichen, also in Stier, Jungfrau oder Steinbock, brauchen Sie etwas, das mit den fünf Sinnen wahrnehmbar ist. Was Ihnen guttut, müssen Sie anfassen können. Sie müssen es fühlen, sehen, riechen, schmecken oder hören können. Die Auswahl hierfür ist immens: Eine Massage, ein leckeres Essen, ein feiner Duft und schöne Musik zählen dazu. Oder gönnen Sie sich einen Blumenstrauß. Auch Blumen zu pflücken und zu pflanzen wird Ihre Lebensgeister wecken. Verbinden Sie sich mit der Natur. Sie schenkt Ihnen Heilung.

Fühlen Sie sich schon geschwächt, hilft es, einfach einmal einen Stein in der Hand zu halten. Wählen Sie einen Edelstein oder einen Stein, den Sie auf einer Urlaubsreise oder bei einem Spaziergang gefunden haben und mit dem Sie die Erinnerung an einen schönen Tag und eine gute Stimmung verbinden. Spüren Sie die erdende Kraft Ihres Steines, während Sie ihn in der Hand halten. Stellen Sie sich mit beiden Beinen auf den Boden, und nehmen Sie wahr, wie sicher Sie die Erde trägt und wie wertvoll diese Sicherheit für Sie ist. Hüllen Sie sich dann noch in eine Decke, und genießen Sie Geborgenheit und Wärme. Jetzt können Sie aufleben – und bekommen wieder Lust auf Blumen und Essen.

Für einen Stiergeborenen ist frische Luft besonders wichtig. Der Jungfrau tut gesunde Ernährung gut. Insbesondere Erzeugnisse aus dem Garten bauen sie auf. Ein Steinbock braucht ganz viel Wärme – sei es durch eine gut beheizte Umgebung, eine Wärmflasche oder eine warme Mahlzeit.

Wollen Sie sich zusätzlich mit einer Farbe verwöhnen, wählen Sie als Stier ein freundliches Grün. Ein heller Braunton, der an frisches Holz erinnert, wird Ihnen als Jungfrau gefallen. Ein glänzendes Schwarz oder ein sattes Dunkelbraun bauen den Steinbock auf.

Für die Luftzeichen Zwillinge, Waage und Wassermann gilt es, die Neugier zu wecken, damit reißt auch sie der Lebensstrom wieder mit. Sie brauchen Abwechslung und Unterhaltung. Machen Sie einen Ausflug in die nächste Stadt oder in ein belebtes Einkaufszentrum. Schwimmen Sie mit dem Strom der Menschenmenge, und setzen Sie sich eine Zeit lang in ein Café, nur um Leute zu beobachten. Genießen Sie die Verschiedenheit der vorbeilaufenden Typen. Stöbern Sie in einem Kiosk nach einer Zeitschrift oder einem Buch mit einem für Sie völlig neuen Thema. Und gönnen Sie sich einen Friseurbesuch. Gerade für die Luftgeister sind die Haare ein wichtiger Bereich – ein neuer Schnitt oder eine andere Farbe verändert die Weltsicht.

Können Sie sich allerdings nicht mehr zu einem Ausflug aufraffen, öffnen Sie das Fenster, und machen Sie Atemübungen: Atmen Sie tief ein und lange wieder aus und nochmals und nochmals. Spüren Sie, wie die frische Luft Ihren Körper und langsam auch Ihre Seele mit neuer Energie erfüllt.

Auf Dauer gesehen sollten Sie sich als Zwillingegeborener lange Spaziergänge oder Radausflüge angewöhnen. Eine schön gestaltete Umgebung und sanfte Musik entspannen die Waage. Für den Wassermann sind frische Luft und ein Ausgleich zwischen aktiven Zeiten und Ruhephasen günstig.

Im Bereich der Farben genießen die Zwillinge ein hell strahlendes Gelb. Die Urfarben der Waage sind Hellblau und Rosa. Wassermänner sind für Lila und Eisblau zu haben. Bei ihnen darf es auch gerne glitzern.

Als Angehöriger der Wasserzeichen Krebs, Skorpion oder Fische tut Ihnen alles gut, was mit Ruhe und Entspannung zu tun hat. Besuchen Sie ein Wellnessstudio. Lassen Sie die Forderungen und Ansprüche links liegen, und nehmen Sie sich eine Auszeit. Es geht um Ihre Gesundheit, also seien Sie jetzt erst einmal für sich da, helfen Sie sich selbst. Danach sind Sie wieder kraftvoll genug, um für andere da zu sein.

Legen Sie Musik auf. Meditationsmusik und Mantras können Sie fast augenblicklich glücklich machen. Singen Sie mit, summen Sie mit. Tagträumen Sie. Und nehmen Sie ein Bad, denn Wasser ist Ihr Element, es ist Ihr Lebenselixier.

Schlaf und gesunde Ernährung bauen den Krebs auf lange Sicht hin auf. Ein Skorpion sollte versuchen, bei allem den goldenen Mittelweg zu finden – mit seiner Neigung zu Extremen schadet er sich oftmals. Fische sollten auf warme Füße achten. Regelmäßige Bewegung und leichter Sport halten sie gesund.

Die stärksten Farben für den Krebs sind Weiß und Silber. Skorpione wählen ein tiefdunkles Rot. Fische fühlen sich von Seegrün und Regenbogenfarben wie magisch angezogen.

Sie sollten Ihre heilenden Strategien in einer guten Phase kennenlernen und einüben, damit sie abrufbar sind, wenn Sie sie benötigen. Wenn Sie erst damit anfangen, wenn Sie keine Kraft mehr haben, werden Sie ziemlich matt und mit der Einstellung, das nütze doch sowieso alles nichts, und Ihnen könne niemand helfen, darauf reagieren.

Finden Sie also rechtzeitig heraus, was Sie lieben und brauchen, und machen Sie ein wohltuendes Ritual daraus. Besorgen Sie sich die passende Musik, Kerzen, einen schönen Edelstein – was eben mit Ihrem Element zu tun hat. Suchen Sie in aller Ruhe nach einem Tuch in Ihrer Farbe. Geraten Sie dann in ein Seelentief, brauchen Sie nur noch auf Ihre Hilfsmittel zurückzugreifen und sie wirken zu lassen. Lassen Sie Ihr Ritual einfach ablaufen. Der Vorteil bei einem gut eingeübten Ritual ist, dass der Verstand ruhig bleibt. Der kennt das Ganze nämlich schon und fängt nicht an, seine nörgelnde Stimme zu erheben, den Ablauf madigzumachen und die Wirkung infrage zu stellen.

# Einen Sonnenplatz zu Hause schaffen

Wenn Sie Spaß daran gefunden haben, sich um Ihre Sonnenkraft zu kümmern, können Sie noch weitaus mehr tun. Sie können sich einen wunderschönen »Sonnenplatz« in Ihrem Zuhause oder vielleicht auch an Ihrem Arbeitsplatz einrichten. So können Sie sich jederzeit, wann immer Ihnen nach Stärkung zumute ist, mit Ihrer ureigenen Kraft aufladen.

*Es fühlt sich an wie ein Andocken
an die Urkraft. Herrlich!*

So wie sich die Erde um die Sonne dreht, so ist auch in jedem Horoskop die Sonne der zentrale Punkt. Wie oben, so unten – diese alte Weisheit bewahrheitet sich erneut in diesem Zusammenhang. Wir sollen uns zu unserer Sonne hin entwickeln, wir sollen im Laufe des Lebens ihre Kraft entfalten. Die Sonne ist der Kern unserer Persönlichkeit. Ihre Qualitäten zur Reife zu bringen ist die große Aufgabe in jedem Leben.

Nicht wenige Menschen aber stehen auf Kriegsfuß mit ihrer Sonne. Gerade wenn diese im Horoskop schwierige Verbindungen zu anderen Planeten aufweist, ist die Gefahr groß, dass man sich selbst nicht leiden mag und angefüllt ist mit Zweifeln, Wut, Hass, Zerrissenheit und inneren Kämpfen. Manch einer freut sich auch gar nicht auf seinen Geburtstag. Zu dieser Zeit nämlich steht die Sonne an demselben Punkt des Himmels wie zur Zeit der eigenen Geburt. Die Transitsonne wiederholt somit die kritischen Aspekte der Radixsonne. So werden wir in den Tagen um den Geburtstag noch stärker an die Prägung und die Aufgaben erinnert, die wir bei der Geburt mitbekommen haben. Wir werden auch daran erinnert, wie vieles davon noch nicht geschafft ist. Das wollen wir vielleicht gar nicht sehen, um nicht noch mehr belastet zu werden. Vorhanden ist die Bürde dennoch, und sie wird nicht leichter, wenn wir davor die Augen verschließen.

Sich mit der eigenen Sonne auszusöhnen macht unbedingt Sinn. Denn die Sonne ist es, die die eigene Persönlichkeit strahlen lässt. Wer seine Sonne liebt und lebt, ist selbstbewusst und kann das ganze Potenzial nutzen, das ihm mit in die Wiege gelegt wurde. Er kann sich entfalten.

Freunden Sie sich mit Ihrer Sonne an. Verinnerlichen Sie ihre Qualitäten. Lernen Sie, ihre Besonderheiten zu achten und zu lieben. Es nutzt nichts, nach »anderen Sonnen« zu schielen und deren Kreativität, Stabilität, Kommunikationsgabe, Lebensfreude oder Einfühlsamkeit zu bewundern. Es reicht völlig, das, was Sie selbst mitbekommen haben, gut zu finden. Das ist die Basis, auf der Sie aufbauen können, um Ihre Talente mit der Zeit immer besser herauszuarbeiten. Dann, so werden Sie vielleicht erstaunt feststellen, werden auch andere Qualitäten leichter zugänglich, darunter auch solche, die Sie bislang bei sich nicht wahrgenommen haben. Der unverzichtbare Grundbaustein dafür ist jedoch eine gut entwickelte Sonne, sprich ein stabiler Selbstwert.

Nun ist es ja zutiefst menschlich, gute Vorsätze zu fassen – und sie dann im Alltagstrott im Sande verlaufen zu lassen. Die erste Begeisterung verfliegt einfach viel zu schnell, wenn wir sie nicht ständig wach halten. Um den Entschluss zu festigen, die eigene Sonne aufzubauen, ist es somit hilfreich, sich ein spezielles Symbol zu schaffen oder sich dafür einen besonderen Platz in der Wohnung zu suchen. Gestalten Sie einen

Ort der Ruhe und Entspannung so, dass hier Ihre eigene Sonnenkraft in vielen Details widergespiegelt wird. Sie brauchen sich dabei nicht zu verkünsteln, es reicht durchaus, auf einige wesentliche Punkte des eigenen Sonnenzeichens zurückzugreifen. Achten Sie vor allem auf das Element, in dem sich Ihr Zeichen befindet, und verstärken Sie es mit den zugehörigen Formen, Materialien und Farben.

Die Vertreter der drei Feuerzeichen Widder, Löwe und Schütze sollten sich mit ihrem Element Feuer umgeben. Eine dünne Kerze dürfte zu wenig sein, um ganz in Ihr Element einzutauchen. Rahmen Sie Ihren Sessel gleich mit mehreren Leuchtern ein, auch ganz große, die auf dem Boden stehen und dicke Kerzen tragen.

Zu den Widdern passen die einfachen, archaisch gestalteten Holz- oder Eisenleuchter mit vorzugsweise roten Kerzen. Die Löwen stärkt honiggelbes Wachs auf reich verzierten Leuchtern. Schützen lassen sich von dunkelblauen Kerzen an ihre besondere Kraft erinnern, insbesondere wenn sie auf Leuchtern stehen, die von fremden Kulturen inspiriert sind oder tatsächlich aus fernen Ländern stammen.

Den Erdzeichen Stier, Jungfrau und Steinbock tut es gut, die Festigkeit ihres Elementes Erde um sich wahrzunehmen. Ein Ohrensessel gibt ihnen willkommenen Schutz. Legen Sie außerdem Steine neben Ihren Sitzplatz. Wollen Sie sich in einer Meditation auf die Kraft Ihrer Sonne konzentrieren, können Sie das Arrangement auch zu einem kompletten Steinkreis vervollständigen. Nehmen Sie Feldsteine aus der Natur, die Sie mit Edelsteinen ergänzen.

Als Stier können Sie Ihre Feldsteine auch bemalen. Immerhin ist Venus, der Planet der Kunst, Ästhetik und Schönheit, im Sternzeichen Stier zu Hause. Abgerundete, schön geformte Steine gefallen Ihnen am besten. Jungfrauen hingegen kommen auch mit eckigen Steinen zurecht. Mehrere kleinere Steine passen besser zu ihnen als die ganz großen Felsbrocken. Auch Steinböcke haben nichts gegen kantige Steine. Sie aber vertragen durchaus auch größere Brocken. Das Gewichtige, Schwere, um sich zu spüren, verleiht ihrem eigenen Wesen Stärke. Ideal wäre eine hohe Steinstele, wie etwa ein versteinerter Baumstamm.

Die Luftzeichen Zwillinge, Waage und Wassermann werden sich in einem Schaukelstuhl wohlfühlen, der ihre Beweglichkeit bestens wiedergibt. Sie sollten dazu stets ein Musikinstrument, ein Klangspiel, eine Rassel, eine Glocke, eine Klangschale oder andere kleine »Lärmgeräte« griffbereit haben. Töne entstehen und vergehen, sie sind wie der Wind, sie sind nicht sichtbar – sie gleichen dem Element Luft. Spielen Sie damit, und stimmen Sie sich mit Ihren selbst erzeugten Klängen auf Ihre Sonnenkraft ein.

Zwillinge können zwei Instrumente gleichzeitig benutzen und damit einen Dialog erzeugen. Auf harmonische Klänge und formschöne Instrumente sollte die Waage achten. Ein Wassermann dagegen verträgt auch schräge Klänge. Experimentieren Sie – gerne auch mit Dingen, die eigentlich nicht zum »Tönen« gemacht wurden.

Die Wasserzeichen Krebs, Skorpion und Fische sollten stets ein wenig Wasser in ihrer Nähe haben. Das kann eine Schale mit klarem Wasser sein, über das sich hervorragend meditieren lässt. Auch ein plätschernder Brunnen oder ein Aquarium wird ihnen guttun. In einem weichen Sessel sitzend oder liegend können sie das Spiel mit dem Wasser genießen. Machen Sie es sich gemütlich, und träumen Sie.

Verspielt darf es beim Krebs aussehen, er kann sein Wasserbecken verzieren, sogar mit Entchen. Tun Sie etwas für Ihr Gemüt. Die Skorpione brauchen es geheimnisvoll. In ihrem Wasserbecken können Schlingpflanzen wachsen. Auch können sie sich eine Schatztruhe ins Wasser stellen, die zu entdecken ihre Sinne anregt. Den Fischen kommt es entgegen, wenn sich das Bild des Wassers immer verändert, was etwa durch eine schimmernde Folie möglich wird, sodass sie beim Betrachten immer weiter ins Reich der Fantasie vordringen können.

Sie sehen schon:

*Der Aufwand ist gering,*
*um sich die Besonderheit*
*der eigenen Sonnenkraft*
*ins Gedächtnis zu rufen und*
*sie damit zu stärken.*

Der Lohn jedoch ist groß. Lassen Sie sich nicht täuschen: Auch wenn es einfach aussieht, ist die Wirkung dennoch tief greifend. Das Wesentliche muss nicht kompliziert sein.

# Glaubenssätze zur inneren Sicherheit

Wer sich nach Schutz sehnt, weiß, dass er genau dann sensibel und angreifbar ist. Dass sein natürliches Abwehrsystem nicht stark genug ist, um Angriffe abzuwehren. Und er spürt die Angst. Angst aber ist ein schlechter Ratgeber. Wer Angst hat, strahlt eine ganz besondere Energie aus. Tiere spüren das. Menschen spüren es auch, wenn auch unbewusst, aber sie merken, wer sich schwach fühlt.

Oft erzählen Menschen, dass sie sich mit großer Begeisterung einen Schutzmechanismus ausgesucht haben und diesen anwenden – mit Erfolg, aber nicht für lange. Schon nach relativ kurzer Zeit ist es, als hätten die gegnerischen Kräfte diesen Mechanismus entdeckt und begännen, ihn zu durchlöchern – ganz gezielt, bis er schließlich seine Wirkung weitgehend verloren hat. Das geschieht besonders dann, wenn die Angriffe von einer speziellen Person herrühren. Bei persönlichen Feindseligkeiten hat der andere regelrechte Antennen, um eine Schwäche seines Gegenübers auszumachen. Stellen Sie sich vor, Sie stehen solch einem Menschen gegenüber. Überrascht nimmt dessen Unterbewusstsein Ihren Schutz war. Doch wenn in Ihrer Schutzhülle weder Versöhnung noch Freundlichkeit enthalten sind, dann macht Ihr Gegner einfach weiter. Sein Unterbewusstsein analysiert Schritt für Schritt Ihren Schutzmechanismus und knackt ihn schließlich.

Zweifeln Sie dann nicht an sich oder Ihren Schutzmethoden, sondern sehen Sie dieses »Scheitern« als wertvollen Hinweis. Es ist nämlich ein Zeichen, dass der Schutz nur äußerlich war und die innere Stärke noch zu wünschen übrig lässt. Das spüren andere Menschen einfach, denn die haben schließlich ebenfalls oft feinste Antennen.

Vielleicht aber hat sich Ihre Schutzmethode auch nur abgenutzt, ist sozusagen zur Gewohnheit geworden. Denn vieles, was wir anfangs mit großer Aufmerksamkeit und Intensität angehen, automatisiert sich binnen kurzer Zeit. Es wird zur lästigen Pflichtübung. Oder es wird quasi nebenher gemacht, während wir bei der Ausübung längst an etwas anderes denken. Auch durch zu viel Routine kann also der Wirkungsgrad abnehmen.

*Die Methoden zu kombinieren und häufiger zu wechseln hat sich in all diesen Fällen als günstig erwiesen.*

Das ist zumindest für die erste Zeit notwendig, bis man selbst genug Kraft und Eigenwert gesammelt hat. Hat man erst zur eigenen Stärke zurückgefunden, ist man sozusagen Herr bzw. Herrin im Haus, gilt es, nicht nur die Absicht der Abgrenzung, sondern auch Freundlichkeit und Versöhnung auszustrahlen. Gerade bei der Auseinandersetzung mit einer hartnäckig feindselig gestimmten Person ist dies unumgänglich, um auf Dauer Frieden zu schaffen. Am leichtesten gelingt dies mit einem Lächeln. Stellen Sie sich immer wieder vor, Sie würden den Menschen, der Ihnen zu schaden versucht, einfach anlächeln, von Seele zu Seele. Sie selbst sind gut geschützt, Sie können diese Geste wagen.

Sich also einfach einen Schutz »überzustülpen« und innerlich dennoch ängstlich zu zittern, wird nur vorübergehend nützen. Auf Dauer dringt Ihre innere Wahrheit zu den anderen

Menschen durch. Diese nehmen wahr, dass Ihnen im Grunde das Vertrauen fehlt – das Vertrauen in sich selbst, das Vertrauen, dass Sie in der Lage sind, einen vernünftigen Schutz aufzubauen, das Vertrauen in die geistigen Helfern und das Vertrauen, dass der gewählten Schutz wirkungsvoll ist.

Nachdem Sie sich als Ersthilfe einen Schutz geschenkt haben, sollten Sie also darangehen, die Ursache Ihrer Angst zu erforschen und aufzulösen.

*Was man anschaut, ist nicht mehr*
*so gefährlich wie das Verborgene.*

Trauen Sie sich. Erforschen Sie die wahren Gründe Ihrer Angst. Dürfen Sie sich nicht schützen? Erlauben Sie es sich nicht, geschützt und stark zu sein?

Vielleicht steckt ein alter Glaubenssatz dahinter. Was denken Sie über Menschen, die selbstsicher und stark sind? Sind sie Ihnen sympathisch, oder halten Sie sie für Wichtigtuer, für arrogant, für egoistisch? So möchten Sie natürlich nicht sein, also werden Sie immer und immer wieder Ihr Selbstbewusstsein torpedieren. Sobald Ihr Schutzmechanismus zu greifen beginnt und Ihr Selbstwert sich zusehends aufbaut, wird Ihr Glaubenssatz dahin gehend wirken, dass sich Schutz und Selbstwert von innen wieder zersetzen. Nur um Ihnen den Wunsch zu erfüllen, dass Sie sympathisch bleiben, was Ihr Unterbewusstsein aber mit schwach gleichsetzt. Also bleiben Sie nicht nur sympathisch, sondern vor allem eben schwach.

Oder haben Sie in Ihrer Kindheit gelernt, dass es nicht erlaubt ist, stark zu sein? Vielleicht haben Sie diese schädliche Gewissheit von Eltern, Großeltern oder Ahnen übernommen. Damals mag es richtig gewesen sein. Vielleicht hat es Ihre Vorfahren vor Verfolgung bewahrt, weil sie sich schwach gezeigt haben. Vielleicht wurden sie verfolgt, weil sie stark waren. Die Erinnerung an diese Erfahrung wurde weitergegeben und ist in Ihnen lebendig. In Ihrer heutigen Welt ist dieses Wissen aber nicht mehr richtig.

*Übung:*

*Verabschieden Sie sich von dem schädlichen Muster. Bedanken Sie sich bei den Erfahrungen, die Sie immerhin bis zu dem heutigen Punkt gebracht haben, verneigen Sie sich im Geiste vor Ihren Ahnen, und lassen Sie das Muster los. Verinnerlichen Sie, dass Sie sich sicher und geschützt fühlen dürfen.*
*Sagen Sie sich: »Jetzt darf ich meine Stärke zulassen. Ich darf meine Stärke leben. Ich zeige meine Stärke.«*

*Gehen Sie weiteren schädlichen und hemmenden Mustern und Glaubenssätzen auf den Grund. Verabschieden Sie sich von ihnen, lassen Sie sie los. Wenn Sie ein Ritual daraus machen wollen, dann schreiben Sie den alten Glaubenssatz auf einen Zettel, streichen den Text dann dick durch, um zu zeigen, dass das Geschriebene keine Gültigkeit mehr hat. Verbrennen Sie dann das Stück Papier.*
*Prägen Sie sich dann Ihren neuen Glaubenssatz ein, einen Satz, der Sie trägt und unterstützt. Sie können diesen Satz auch aufschreiben und den Zettel auf Ihren Tisch legen, auf die Kommode oder ans Bett, oder Sie heften ihn ans Schlüsselbrett – jedenfalls so, dass Sie ihn täglich sehen und daran erinnert werden.*

Einen anderen Menschen zu verurteilen und ihm Schuld zuzuweisen bringt Sie nicht weiter. Jeder kann nur aus seinem momentanen Entwicklungsstand heraus handeln. Sie beide treffen aufeinander, weil jeder vom anderen lernen kann. Nehmen Sie also die Gegebenheiten der Vergangenheit hin, lassen Sie los, was Sie nicht mehr tragen wollen, und gestalten Sie Ihre Zukunft neu – und zwar jetzt.

*In jedem Moment Ihres Lebens ist solch ein Jetzt, in jedem Augenblick haben Sie diese unglaublich faszinierende Möglichkeit der Veränderung.*

Nehmen Sie sich ein, zwei oder auch drei Programmierungssätze vor, die Sie in den kommenden Wochen verinnerlichen wollen. Belassen Sie es bei wenigen Sätzen, damit Ihr System die neuen Informationen auch gut verarbeiten kann. Geben Sie sich drei Wochen Zeit, bevor Sie sich die nächsten Sätze einprägen.

Bevor Sie jedoch loslegen, ist es sinnvoll, mit der Vergangenheit reinen Tisch zu machen. Denn wenn Sie mit einem großen Bündel an Energien noch in der Vergangenheit hängen, wo soll dann die Aufmerksamkeit für die Zukunft herkommen? Schaffen Sie also erst einmal Raum, machen Sie Platz für Neues.

Ein Abschied, eine Energietrennung, gelingt vollkommen durch ein Ritual des Verzeihens. Ob es sich um einen Abschied von einem Erlebnis handelt oder von einem Menschen – das Verzeihen bringt die Lösung. Vielleicht können Sie es sich noch gar nicht vorstellen, einem anderen zu verzeihen, vielleicht weil Sie tief in Ihrer Seele verletzt wurden. Oder Sie wissen, dass Sie anderen Schaden zugefügt haben, der nicht rückgängig zu machen ist, und Sie haben deshalb ein schweres Schuldgefühl, empfinden Scham und Reue.

Glauben Sie: Jeder kann nur immer aus seinem aktuellen Entwicklungsstand heraus handeln. Manche Dinge müssen geschehen, sie zu erleben, gehört zu unserem Weg, es ist unser Schicksal. Nehmen Sie dieses Schicksal an, das Sie zu disem Punkt geführt hat. Bleiben Sie dort nicht stehen, gehen Sie weiter und noch einen Schritt weiter. Lassen Sie sich von einem erfahrenen Therapeuten begleiten, wenn Sie meinen, Ihre Last übersteige das Ertragbare.

Doch auch in einem normalen Alltag bauen sich immer wieder ungute Verbindungen auf. Manches geschieht aus Leichtsinn, völlig unbeabsichtigt, anderes wird mit vollem Bewusstsein zugefügt. Oftmals stecken eigene verletzte Gefühle dahinter. Jede kleinste Ursache aufzudröseln ist nicht notwendig und meist auch gar nicht möglich. Es reicht, einander zu verzeihen, um Frieden in sich und um sich zu schaffen. Dieser Schritt wäre der erste Schritt hin zu einem globalen Frieden, zu einem harmonischen Miteinander aller Menschen. Denn wenn jeder mit seinen Mitmenschen in Frieden leben würde, wo sollten dann noch Ärger, Stress und Krieg herkommen?

*Für Ihr eigenes Leben ist das Ritual des Verzeihens unendlich befreiend.*

Jeder Groll, der in Ihnen sitzt, nagt und nagt. Wie ein dunkler Knäuel hat sich die Energie in Ihnen festgesetzt und nimmt Raum ein, je nach Schwere einen großen oder kleinen, doch Raum braucht dieser Knäuel in jedem Fall. Ein Teil Ihrer Aufmerksamkeit ist also ständig damit beschäftigt. Immer wieder rollen Sie in Gedanken die alten Verletzungen auf, machen sich oder anderen Vorwürfe. Sie werden natürlich auch häufig mit anderen Dingen im Leben zu tun haben, doch kaum kehrt Ruhe ein, wenden sich Ihre Gedanken erneut diesem Thema zu, und wieder kreisen Sie darin. Diese Energie könnten Sie gut auch für Besseres verwenden, für Erbaulicheres, um sich und andere zu erfreuen.

Eine offene Aussprache wäre zwar wünschenswert, ist aber häufig nicht möglich. Nicht jeder ist eben dazu bereit, sich zu versöhnen, außerdem ist nicht jeder erreichbar. Zuweilen ist es auch der Abstand, der guttut und letztlich die Wunden heilt. Auf der Seelenebene jedoch ist immer ein Ausgleich möglich. Ihr Part ist es, anderen zu verzeihen und sie ebenfalls um Verzeihung zu bitten. Damit sind beide Seelen frei. Gönnen Sie das dem anderen (noch) nicht? Das heißt, Sie gönnen es auch sich selbst nicht. Eine Bindung ist immer wechselseitig, eine Lösung auch. Wenn Sie Ihren Seelenfrieden haben wollen, kann ihn der andere auch finden. Wenn Sie nicht wollen, dass der andere in Frieden seines Weges ziehen kann, halten Sie die quälende Bindung aufrecht und müssen selbst ebenfalls weiterhin leiden.

Denken Sie darüber nach, und treffen Sie Ihre Entscheidung.

## Übung:

Wenn Sie sich für Ihre persönliche Freiheit entschieden haben, für die Möglichkeit der Weiterentwicklung Ihrer Seele, für die Chance, die volle unbändige Lebenskraft zu spüren, dann sagen Sie: »Ich verzeihe hiermit allen Menschen, die mich bewusst oder unbewusst verärgert oder verletzt haben oder die mir geschadet haben, und lasse sie jetzt los.«
Sagen Sie auch: »Ich bitte alle Menschen, denen ich bewusst oder unbewusst geschadet habe oder die ich verletzt habe, um Vergebung und lasse sie jetzt los.« Ergänzen Sie dies mit einem Segen: »Sei gesegnet. Sei gesegnet. Sei gesegnet.«

Die Energieverbindungen sind getrennt, Sie beide sind frei.

Jetzt, mit Ihrer neu gewonnenen Freiheit, wenden Sie sich Ihrer Zukunft zu. Lassen Sie sich von den Beispielen für positive Programmierungen inspirieren, und kreieren Sie Ihren persönlichen Glaubenssatz.

*Ich sehe meinen Weg klar vor mir.*
*Ich trete für meine Bedürfnisse ein.*
*Ich entscheide mich klar.*
*Ich liebe und akzeptiere mich so,*
*wie ich bin.*
*Ich lasse alte Bilder los.*
*Ich lasse alle Blockaden und des-*
*truktiven Muster los.*
*Ich lasse alle schädlichen Gedan-*
*ken und Gefühle los.*
*Nichts ist Zufall. Alles hat einen*
*Sinn.*
*Mein Leben entwickelt sich*
*folgerichtig.*
*Was ich brauche, kommt auf*
*mich zu.*
*Täglich tun sich neue Kraft-*
*quellen auf.*
*Ich erhalte laufend wertvolle*
*Impulse.*
*Ich finde die beste Lösung.*
*Ich ziehe die passenden Möglich-*
*keiten an.*
*Ich schaffe meine Aufgaben*
*mit Leichtigkeit.*
*Ich arbeite mit Freude.*
*Ich bin kreativ.*
*Ich lebe im Frieden mit mir und*
*meinen Mitmenschen.*
*Ich habe tiefe Wurzeln.*
*Immer klarer höre ich meine*
*innere Stimme.*
*Ich vertraue meiner inneren*
*Stimme.*

*Ich vertraue meinem höheren*
*Selbst.*
*Ich bin verbunden mit der*
*göttlichen Kraft.*
*Ich bin mit dem Urquell der*
*Energie verbunden.*
*Ich fühle in mir den Strom der*
*kosmischen Kraft.*
*Ich bin in Gottes Hand. Du bist*
*in Gottes Hand. Wir alle sind in*
*Gottes Hand.*
*Ich bin in Sicherheit.*
*Ich lasse die Dinge wachsen*
*und reifen.*
*Ich lasse mich tragen.*
*Ich bin im Gleichgewicht.*
*Ruhe durchströmt mich.*
*Jeder Tag schenkt eine neue*
*Chance.*
*Jeder Tag ist neu.*
*Ich sorge liebevoll für mich selbst.*
*Ich entfalte meine Persönlichkeit.*
*Ich habe meinen Platz in der Welt.*
*Ich besetze meinen Platz.*
*Ich öffne mein Herz.*
*Ich bin voller Zuversicht.*
*Ich bin voller Freude und Licht.*
*Täglich wird mein Leben schöner,*
*erfüllter, liebevoller, harmonischer.*
*Ich folge dem Weg der Freude.*
*Ich spüre unbändige Lebenskraft*
*in mir.*

# Neue Wege gehen

Sensible Menschen sind Kinder der Neuen Zeit. Das tatsächliche Alter spielt dabei keine Rolle, der Maßstab ist die Sensibilität. Man muss diese Feinfühligkeit nicht unbedingt schon mitgebracht haben, sie kann sich auch erst im Laufe des Lebens entwickelt haben.

Gemeinsam ist diesen Menschen ihr brennender Wunsch, sich mit den Zusammenhängen im Leben auseinanderzusetzen. Sie fragen nach den Hintergründen. Sie wollen sich entwickeln, wollen sich selbst kennenlernen. Sie möchten schädliche Prägungen überwinden und vielleicht auch Karma auflösen. Ihr Ziel ist es, das Geheimnis des Lebens zu ergründen. Deshalb begeben sie sich auf den Erkenntnisweg. Sie suchen ein höheres Wissen und wenden sich dem Göttlichen zu. Der Ruf der Seele ist nicht zu überhören: Sie will sich weiterentwickeln.

Schauen wir nur auf die vielen kaum lösbaren Probleme in der Welt, so wissen wir, dass die Mittel, mit denen bislang versucht wurde, eine Lösung zu finden, offensichtlich nicht ausreichen. Hier neue Wege zu suchen, nach Ursachen zu forschen und andere Ansätze zu probieren, ist mehr als sinnvoll. Es braucht neue Wege.

Denn wie Albert Einstein sagte: *»Probleme kann man niemals durch die Denkweise lösen, durch die sie entstanden sind.«** 

Auf Ihrem Weg zu mehr Klarheit werden Sie nicht umhinkommen, sich um Ihre Vergangenheit zu kümmern, sich mit Ihrer Herkunft, Ihrer Familie und Ihrer Kindheit auseinanderzusetzen. Das mag schmerzhaft sein, ist jedoch fast immer notwendig, um alten Ballast zu bereinigen und im Inneren Ihres Herzens Raum zu schaffen für eine befreite Zukunft. Ihre Talente können sich danach erst richtig entfalten.

Vielleicht stoßen Sie bei Ihrer Suche auf schwere Konflikte und tief sitzende Dramen. Vielleicht mussten Sie einen hohen Preis zahlen. Dann ist vor allem eines wichtig: Würdigen Sie Ihr Opfer an das Leben. Tun Sie es nicht damit ab, dass es doch so lange her sei. Sehen Sie die Besonderheit, die in Ihrer Erfahrung ruht. Immerhin haben Sie überlebt, wenn auch mit mehr oder weniger tiefen Schrammen. Aber Ihre Lebenskraft war stärker. Sie sind noch da. Doch das, was Sie erlebt haben, hat Ihnen am eigenen Leib gezeigt, wie dünn das Eis ist, auf dem Sie gehen, wie verletzbar ein Mensch sein kann. Glauben Sie, der Schicksalsschlag hat Ihrem Leben nicht nur geschadet, er hat Ihr Leben auch bereichert. Sie sind vielleicht vorsichtiger geworden, weicher oder mitfühlender. Und selbst wenn Sie noch in der Verbitterung stecken, härter und kälter geworden sind, dann war eben das Ihre Art zu überleben und weiterzumachen. Vielleicht brauchen Sie diesen Panzer noch eine Weile und können ihn irgendwann doch ablegen. Verübeln Sie es sich nicht länger, dass Sie so sind, wie Sie sind.

*Entdecken Sie das unauslöschliche Licht in sich, und lassen Sie es langsam wieder größer und leuchtender werden. Dann wärmt es Sie von innen.*

Geben Sie sich Zeit. Stressen Sie sich nicht, und setzen Sie sich nicht unter Zeitdruck. Manchmal sind viele Schritte und mehrere Jahre erforderlich, um inneren Frieden zu schaffen. Manches löst sich auch in einem einzigen Augenblick der Erkenntnis. Das eine ist nicht schlechter oder besser als das andere. Urteilen Sie nicht darüber, lassen Sie sich aber beide Möglichkeiten offen.

Je mehr Sie sich mit Ihren störenden Mustern und prägenden Erlebnissen beschäftigen, desto mehr werden vermutlich auftauchen. Das ist einfach so. Nach einiger Zeit allerdings sollte der Berg überwunden sein und die Klarheit zunehmen. Tauchen nun immer neue Probleme und Problemchen auf, könnte jetzt auch eine gewisse Angst vor der Zukunft dahinterstecken. Wer verbissen sucht und stöbert, ob es nicht doch noch etwas gibt, was der Entwicklung geschadet haben könnte, tut sich keinen Gefallen. Man muss nicht jedes Wort von Vater, Mutter, Tante, Opa oder Lehrer im Nachhinein auf die Goldwaage legen, um sich weiterentwickeln zu können. Es reicht, sich um die großen Dramen zu kümmern. Alles andere ist normal und auszuhalten. Deshalb: Richten Sie nach jedem kleinen Schritt, den Sie in Ihre Vergangenheit tun, Ihren Blick wieder auf Ihre Gegenwart und Ihre Zukunft. Leben Sie unbedingt auch diese Richtung.

*Nehmen Sie es sich als Ziel, das Aufarbeiten Ihrer Vergangenheit eines Tages abzuschließen und im Augenblick zu leben.*

Ein Zwiespalt, in den viele interessierte Menschen geraten, ist, dass sie glauben, zwischen dem materiellen und dem spirituellen Weg wählen zu müssen. Sie entdecken ihre Sensibilität, machen sich auf den Weg zu ihrer Seele und meinen, sie müssten damit der Welt entsagen. Im schlechtesten Fall wenden sie sich sogar feindlich gegen alles Materielle, als wäre es nur dazu gemacht, uns zu verführen. Das stimmt so nicht. Sie brauchen sich nicht zu entscheiden. Ja, die stoffliche Seite wird von vielen Menschen in unserer Welt maßlos überbewertet. Verfallen Sie aber nicht ins gegenteilige Extrem, und schätzen Sie die Materie als gering ein. Beides, das Spirituelle und das Materielle, ist wichtig, beides ist wertvoll.

Mit dieser Überbewertung und Abwertung ist es wie in jedem Bereich des Lebens: Wenn etwas Bestehendes nicht mehr funktioniert, gibt es eine Revolution, einen grundlegenden Umsturz. Etwas wird verteufelt und dann tunlichst vermieden. Doch in der Folge davon wird in der anderen Richtung übertrieben. Es dauert, bis ein gesunder Mittelweg gefunden ist. Vielleicht ist es auch notwendig, das jeweils andere Extrem kennenzulernen, bevor man zur Balance findet. So mag es auch bei der Abwendung vom Materiellen und bei der Hinwendung zum Spirituellen sein.

*Geben Sie beidem einen guten Platz in Ihrem Leben, dem Materiellen und dem Spirituellen.*

Das bedeutet, dass Sie sowohl Wurzeln aufbauen und sich in der Erde verankern als auch sich nach oben zum Himmel hin öffnen.

Die Materie dient als Grundlage, auf der unsere Existenz aufbaut. Sie ist sozusagen das Fundament. Wir haben einen Körper, und der braucht etwas zu essen und zu trinken, ein Dach über dem Kopf usw. Um in einem ganz normalen Leben zu bestehen, braucht es gesunden Menschenverstand und stabile Wurzeln. Auch wenn es Heilige und Asketen gab und gibt, die ihr Leben dem Gebet geweiht haben, die im Freien leben und sich von der Atemluft ernähren, so zählt dies im Moment eher nicht zu den Lernaufgaben der breiten Masse. Und auch diese besonderen Menschen haben ihre Art von Verwurzelung, sonst wären sie nicht mehr hier.

Schätzen Sie die Materie daher als wertvolle Grundlage. Nehmen Sie sie als Ausgangspunkt für Ihre spirituellen Höhenflüge. Solange wir unser Menschenleben führen, ist es durchaus gesund, den Ausgleich zwischen Himmel und Erde zu finden.

Dazu zählt auch, dass nicht jeder, der sich für die geistigen Welten öffnet, einen Beruf daraus machen muss. Werten Sie die üblichen Tätigkeiten nicht ab. Ob Verkauf, Büro, Handwerk, Forschung, Pflege oder Lehre – jede Arbeit ist auf ihre Weise sinnvoll. Es kommt doch sowieso immer darauf an, was man daraus macht.

Wenn Sie Ihre spirituellen Qualitäten entdeckt haben und feststellen, dass Sie in einem dieser »normalen« Berufe arbeiten und ein »normales« Leben führen, dann ist das kein Grund, um unglücklich zu sein. Seien Sie sich sicher: In fast jeden Beruf, in jeden Alltag kann das neue Wissen einfließen. So könnte Ihre Leistung eine neue Qualität erreichen. Der Umgang mit Kollegen, Mitarbeitern und Kunden könnte mit der Zeit harmonischer werden. Die Verbindungen zu anderen Menschen verändern sich. Vielleicht trennen sich manche Wege. Doch die Verbindungen, die bleiben, werden verlässlicher und tiefer.

Schüren Sie also nicht die Unzufriedenheit, die aufkommen mag, wenn Sie feststellen, dass Sie keinen ausgeprägt spirituellen Beruf haben. Glauben Sie: Man kann eine hervorragende Sachbearbeiterin sein und spirituell. Man kann ein ausgezeichneter Verkäufer sein und spirituell. Man kann in einem technischen Beruf arbeiten und eine spirituelle Einstellung haben. Eine östliche Weisheit sagt: *»Vor der Erleuchtung trage Wasser, hacke Holz. Nach der Erleuchtung trage Wasser, hacke Holz.«* Will sagen, die spirituelle Entwicklung bedeutet nicht, das Alltägliche nun nicht mehr zu tun. Sie bedeutet, eine andere Einstellung dazu zu haben.

Schwierig sind die Zeiten, in denen Sie umherirren und den Weg scheinbar aus den Augen verloren haben. Setzen Sie Ihr Gefühl ein, Ihre Intuition, und Ihren Verstand. Als sensibler Mensch haben Sie mit Ersterem wohl kaum ein Problem. Sie spüren sowieso viel mehr als andere. Schon wenn Sie einen Raum betreten, wissen Sie oft, wie die Stimmung hier ist. Sie nehmen mit feinsten Antennen auf, was um Sie herum vorgeht. Genau das aber kann auch zu Verwirrung führen. Lassen Sie dann Ihren Verstand nicht außer Acht. Auch der Verstand ist ein bedeutendes Geschenk. Wenn Sie sich einmal nicht sicher sind, ob Sie einfach noch nicht so weit sind, weil Sie die Worte eines Lehrers oder Meisters nicht verstehen, oder ob hier vielleicht der Schein trügt, dann setzen Sie Ihren gesunden Menschenverstand ein.

Überall, wo Menschen sind, passieren Fehler. Und überall gibt es schwarze Schafe. Auch unter den führenden Köpfen der Heilerszene gibt es Menschen, die sich von der Macht zu sehr faszinieren lassen, die etwas Besonderes sein wollen und Abhängigkeiten schaffen. Verurteilen Sie dies nicht, denn auch das gehört zum Menschsein dazu. Vielleicht ist es deren aktuelle Aufgabe, mit Machtfülle umzugehen zu lernen. Und Ihre Aufgabe kann es sein, dieses Thema zu erkennen und sich davor zu schützen.

Bleiben Sie bei sich, bleiben Sie klar. Eine gute Erdung ist immer noch die beste Methode, wieder klar zu sehen. Lassen

Sie sich nicht von wichtig klingenden Worten und einem ver-
klärten Gesichtsausdruck blenden. Manches, was Sie nicht
verstehen, werden Sie in einigen Jahren verstehen. Anderes
ist vielleicht wirklich hohl. Tatsache ist, dass Sie im Moment
nichts damit anfangen können. Dann lassen Sie es einfach.
Geben Sie ruhig zu, wenn Ihnen etwas zu weit geht. Das Kom-
plizierte und Unverständliche muss nicht das Richtige sein.
Meist ist das Einfache das Richtige.

Lassen Sie es so stehen, wie es ist: ungereimt und unge-
klärt. Wenn der Sachverhalt nach geraumer Zeit verständlich
wird – fein. Wenn nicht, haben Sie nichts versäumt. Suchen
Sie sich dann andere Lehrer, andere weise Frauen und Män-
ner, die Ihnen Herzenswärme vermitteln und neue Wege auf-
zeigen. Vertrauen Sie unbedingt Ihren Instinkten. Und vertrauen Sie auf Ihre innere Führung. Aber:

*Halten Sie trotzdem immer ein*
*bisschen mehr für möglich als es*
*Ihnen im Moment erscheint.*

# Schlussgedanken

Allgemeingültige Rezepte gibt es allerdings nicht. So einzigartig, wie jeder Mensch ist, so einzigartig sind auch die Lösungen. Es gibt also viele Wege zum Ziel. Probieren Sie aus, welche Schutzübung Ihnen liegt und guttut, und freuen Sie sich auf die nächsten Herausforderungen. Das können Situationen sein, in denen Sie erfahrungsgemäß viel Energie gebraucht haben, das können Begegnungen mit Menschen sein, die Sie bisher immer geschwächt haben.

Sie werden überrascht sein: Das alles kann nun anders werden. Aus kräftezehrenden Situationen können Sie nun selbstbewusst herausgehen. Vielleicht werden Sie sogar mit der Zeit Kraft daraus schöpfen können. Auch Beziehungen zu anstrengenden Menschen können sich grundlegend verändern. Sie werden einen ganz neuen Respekt zwischen sich spüren. Es kann sogar eine tiefe Freundschaft daraus entstehen.

Stehen Sie mit beiden Beinen fest auf dem Boden, verwurzeln Sie sich mit der uns tragenden Kraft der Erde. Und spannen Sie die Schnur nach oben, halten Sie den Kontakt zu Gott und den himmlischen Helfern. Was kann Ihnen da schon passieren?

Glauben Sie, dann kann ein Mensch, der etwas neidvoll denkt »Ach, wieso hat der es so gut und ich nicht?«, wirklich Schaden anrichten? Wohl kaum. Anfällig sind wir nur, wenn wir schwanken, keine Wurzeln haben und keine Verbindung nach oben. Aber so, in der Mitte des Universums ruhend – in unserer Mitte nämlich –, sind wir sicher. Für den täglichen Bedarf, für die Belange des Alltags reicht es aus, wenn wir uns mit der Erde und mit der geistigen Welt verbinden.

Für besondere Fälle, in denen mehr Kraft und Aufmerksamkeit gefragt ist, gibt es die Hilfsmittel. Sichtbare Zeichen etwa erinnern uns beständig an den gewünschten Schutz und halten ihn somit aufrecht. Vergessen Sie dabei nicht:

*Noch wirksamer als das Symbol selbst ist Ihre geistige Einstellung. Immer!*

Machen Sie sich nicht nieder, wenn Ihnen etwas missglückt. Vielleicht haben Sie sich felsenfest vorgenommen, diesmal dem nervigen Kollegen ganz anders zu begegnen oder der Schwägerin Kontra zu bieten. Und wieder sind Sie im alten Fahrwasser gelandet. Das ist ein bisschen wie mit den guten Vorsätzen, die regelmäßig zum Jahresbeginn gefasst werden und meist nicht einmal den Januar überleben. Zu groß ist der Druck, den man sich damit aufbaut. Zu groß und wichtig sind meistens auch die Pläne.

In einer Sektlaune mag es gelingen, da glaubt man an die Überwindung des inneren Schweinehundes. Doch kaum ist der Alltag wieder da, übernimmt dieser treue Begleiter wieder das Regiment. Ihn auszutricksen ist schwer, denn er ist ganz schön durchtrieben. Auf halber Strecke lässt er uns vor einem dürftigen Ergebnis sitzen. Wir stellen fest: Es ist ja doch wieder alles beim Alten, der innere Schweinehund war stärker als der Wunsch nach Gesundheit, und die Bequemlichkeit war größer als der Wille zur Tat. Jetzt könnten wir ein Drama daraus machen und uns klein und nutzlos und schwach fühlen. Nicht erreichte Ziele sind doch immer ein Grund, um das eigene Selbstwertgefühl zu demontieren.

Das wäre nun wirklich schade. Denn was soll's eigentlich?! Vielleicht waren Ihre Ziele einfach zu groß, zu unrealistisch.

Vielleicht sollten Sie sich freuen, dass Sie wenigstens versucht haben, klare Worte zu sprechen, statt darüber zu lamentieren, dass Sie nicht alles gesagt haben. Vielleicht sollten Sie froh sein, zumindest im Alltagsgeschehen zuversichtlicher und mutiger geworden zu sein, statt zu klagen, dass Sie sich immer noch nicht trauen, Ihrem Schwarm Ihre Gefühle einzugestehen. Der Anfang ist doch immerhin gemacht.

Sollten Sie an kritischen Tagen trotz aller guten Vorsätze doch Ihre alte Denkweise und diverse schädliche Verhaltensweisen wieder aufnehmen, dann machen Sie sich nichts daraus. Starten Sie einfach einen neuen Versuch, wenn sich die Wogen geglättet haben. Und noch einen und noch einen.

Wenn ein Kind beim Laufenlernen hinfällt, sagt es ja auch nicht: »Aha, das kann ich offensichtlich nicht, also werde ich es demnach auch nicht lernen«, sondern es steht wieder auf und versucht es nochmals. Kann sein, dass es mal zornig wird, aber es macht weiter. Warum sind wir als Erwachsene nur so ungeduldig? Früher, als Kind, als die Zeit noch keine Rolle gespielt hat, da hatten wir mehr Geduld. Jetzt verfallen wir gleich in Selbstmitleid und Depressionen und geben auf, wenn etwas nicht auf Anhieb klappt.

Also: üben, üben, üben. Mit etwas Training fällt übrigens auch das Aufstehen nach einem Schicksalsschlag leichter.

Natürlich ist es wichtig, sich auch Ziele zu setzen, die einen über das gewohnte Maß hinausheben, die einen weiter führen als bis zu dem Punkt, an den man sich auch so schon wagt.

*Übung:*

*Formulieren Sie sich einen Leitsatz. Suchen Sie sich einen guten Gedanken, der Sie durch die nächste Zeit begleitet und Sie durch glückliche und schwere Stunden geleitet.*

Wählen Sie sich ein Motto, das Ihnen hilft, Ihre Ziele im Auge zu behalten. Schaffen Sie sich eine Leitlinie, die Sie einen Bogen spannen lässt zu den wirklich wichtigen Dingen im Leben. Machen Sie sich bewusst, dass es in Ihrem Leben etwas Größeres gibt als den täglichen Kleinkrieg auf der Straße und das Generve im Alltag.

Ein persönliches Motto für sich zu finden, ist im Grunde einfach. Sie brauchen sich nur zu beobachten. Neigen Sie dazu, sich häufig zu ärgern? Dann kann es ein Leitgedanke sein wie: »Ich finde täglich etwas, worüber ich von Herzen lachen kann.« Gehen Sie Ihre Aufgaben zu verbissen an, steigern Sie sich allzu sehr in Ihre Pflichten hinein? Denken Sie sich: »Die vergnüglichen Seiten des Lebens stehen mir offen.« Gehören Sie zu denen, die ihre Termine nie einhalten und ständig der Zeit hinterherlaufen? Nehmen Sie sich als Leitlinie: »Zeit ist genug da, auch für mich.« Hegen Sie oftmals Ängste, wenn Sie an die Zukunft denken? Setzen Sie sich einen guten Gedanken wie: »Ich vertraue darauf, dass es das Leben gut mit mir meint.« Oder neigen Sie zu übertriebenen Schuldgefühlen, lassen Sie sich Ihren Selbstwert allzu leicht untergraben? Dann nehmen Sie einen Satz wie diesen: »Ich habe meinen Platz auf der Welt.« Leben Sie über Ihre Kräfte, verausgaben Sie sich zu sehr? Programmieren Sie: »Ich sorge gut für mich.« Oder haben Sie immer wieder zu wenig Zeit für Ihre Familie, für Ihre Freunde? Sagen Sie sich: »Ihr seid ein wertvoller Teil meines Lebens, und ich zeige es euch.«

Oder Sie sagen sich: »Heute lächle ich, sooft ich kann.« Fangen Sie damit an, sich morgens im Spiegel anzulächeln. Dann Ihre Familie am Frühstückstisch. Die Verkäuferin in der Bäckerei. Die Kollegen. Und so weiter.

Werden Sie kreativ. Es kann eine Eigenschaft sein, an der Sie immer wieder zu verzweifeln drohen, es kann eine schlechte Angewohnheit sein, oder es kann sich um ein Lebensthema handeln, das Sie derzeit beschäftigt – spüren Sie auf, was Ihnen wichtig ist. Dann formulieren Sie einen positiven Satz dazu. Schreiben Sie sich diesen Satz auf, lesen Sie ihn, wiederholen Sie ihn, sooft Sie nur mögen. Er wird Sie tragen.

Aber wir sind doch schließlich alle Menschen, mit Leidenschaften, Stimmungen und Launen. Und wir brauchen auch Ruhe, Vergnügen, Genuss. Wer in jedem Bereich ständig Höchstleistung von sich erwartet, setzt sich ganz schön unter Druck. Die Leichtigkeit und die Lebensfreude gehen ihm früher oder später verloren bei dieser Jagd nach Erfolgen. Auch die Fähigkeit, über einen Misserfolg herzlich zu lachen, verliert sich. Und das ist doch im Grunde noch viel wichtiger, als alles erreicht zu haben, was man wollte. Lassen Sie sich auch von anderen Menschen nicht aus der Ruhe bringen. Wenn die anderen unken: »Na, ob du das durchhältst ...«, dann lassen Sie sie reden. Oder antworten Sie ihnen: »Wenn ich es nicht versuche, werde ich es nie erfahren.« Man darf etwas aufhören, immer wieder, genauso wie man auch etwas anfangen darf. Das verbietet kein Gesetz.

Fassen Sie also immer wieder gute Vorsätze. Warum auch nicht? Die Übung macht es schließlich. Im Laufe der Zeit bilden sich die Synapsen mit dem neuen Verhalten stärker aus. Das, woran Sie anfangs noch mühsam denken müssen, sinkt ins Unterbewusstsein ab und läuft automatisch. 21 Tage, so sagt man, dauert es, bis ein neues Verhalten sitzt. Um erst einmal schöne kleine Erfolgserlebnisse zu haben, fangen Sie mit überschaubaren Zielen an. Nehmen Sie für den Beginn ruhig einen besonderen Tag, den 1. eines Monats, den nächsten Neumond, Ihren Geburtstag – oder den heutigen Tag. Kleine Ziele lassen sich viel leichter verwirklichen, die verschläft der innere Schweinehund nämlich erfahrungsgemäß. Frust haben Sie somit nicht zu befürchten, und das Erfolgserlebnis ist ungleich größer. Mit der Zeit schleift sich das neue Verhalten ein, und Sie können zu größeren Zielen übergehen und sich schwierigeren Aufgaben stellen.

Im Laufe der Zeit werden Sie vielleicht feststellen, dass Sie vergessen, Ihr Symbol mitzunehmen, Sie denken nicht daran, Ihre Schutzübung zu machen, vielleicht verlieren Sie auch Ihren Kraftstein. Und trotzdem geschieht Ihnen nichts Böses, alles läuft bestens. Das liegt dann nicht daran, dass die Symbole sowieso keine Wirkung gehabt hätten. Nein, das liegt dann daran, dass Sie die äußeren Zeichen nicht mehr brauchen. Sie haben die Stärke verinnerlicht. Sie sind in sich gefestigt und nicht mehr so leicht angreifbar. Nur deshalb lässt Sie Ihr Unterbewusstsein diese Dinge »vergessen« und »verlieren«.

Menschen, die sehr spirituell sind und gleichzeitig gut geerdet sind, brauchen gar keinen zusätzlichen Schutz. Ihre Aura ist stabil genug, sodass sowieso jeder Angriffsversuch wirkungslos wäre. Sie strahlen ein so starkes Licht aus, dass ihnen weder Dunkelheit noch Schatten etwas anhaben können. Diese werden unweigerlich vom Licht überstrahlt, die bösen Absichten somit neutralisiert. Ihnen ist es egal, was im Außen geschieht, Ihr Inneres ist davon nicht mehr betroffen. Sie geraten nicht mehr ins Wanken, durch einen Windhauch sowieso nicht, aber auch nicht durch einen Sturm.

Dies zu erreichen könnte auch für Sie ein lohnendes Ziel sein. Erfreuen Sie sich bis dahin an den schönen Dingen und Symbolen, die Ihnen Schutz und Kraft schenken. Nutzen Sie alle Hilfsmittel, die Himmel und Erde zur Verfügung stellen. Eines Tages werden Sie diese nicht mehr brauchen, zumindest nicht ständig, aber bestimmt werden Sie sie immer dankbar zu schätzen wissen.

## Quellennachweis

S. 139
Virginia Satir et al.: Das Satir Modell. Familientherapie und ihre Erweiterung. Paderborn: Junfermann 1995, S. 80.

S. 182
Einstein sagt. Hrsg. von Alice Calaprice © 1997 Piper Verlag GmbH, München

## Bildnachweis

Gestaltung der Innenseiten unter Verwendung von:
# 24004264 (Anja Kaiser), www.fotolia.de

## Die Autorin

Barbara Arzmüller ist Dipl.-Ing. Innenarchitektin, Autorin und System-Therapeutin. Sie gibt Beratungen und Seminare in Feng Shui, Astrologie und Familienstellen, die überwiegend von sehr sensiblen Menschen besucht werden. Da sie selbst extrem feinfühlig und empfindsam ist, hat sie sich auf die Suche nach wirksamen Methoden begeben, um ihren Selbstschutz zu stärken. Von diesem Wissen möchte sie in ihrem neuen Buch nun etwas weitergeben.

Weitere Informationen unter: www.stern-im-raum.de

Ebenso erschienen im

Jutta Nebel

Wenn du zu viel fühlst
*Wie Hochsensible den Alltag meistern*

**978-3-89767-382-7**

184 Seiten, Paperback

Hochsensible Persönlichkeiten, sogenannte »HSPs«, zeichnen sich durch eine erhöhte Empfänglichkeit für Reize aus. Sie nehmen Geräusche oder Gerüche, subtile Veränderungen, unterschwellige Stimmungen ihrer Mitmenschen oder auch ihre eigenen Erinnerungen, Vorstellungen und Gedanken sehr viel intensiver auf als ihre »normalen« Mitmenschen. Diese Fähigkeit, die auf einer physiologischen Disposition des Nervensystems beruht, bringt Vorteile und Begabungen mit sich, lässt die Betroffenen in ihrem Alltag aber auch oft »anecken«, als sonderbar erscheinen oder gar schier an sich und der Welt verzweifeln …

In den sehr persönlichen Erzählungen dieses Buches schildert die Autorin, die selbst eine HSP ist, wie sie ihren Alltag erlebt, wie sie mit schwierigen oder für sie extrem stressigen Situationen umgeht und – vor allem – wie sie durch Erlebnisse in der Natur, mit Tieren und Steinen, Kraft und Mut für ihren Alltag bekommt. Ergänzt wird das Buch durch praktische Hinweise, mit denen die Autorin anderen hochsensiblen Menschen Methoden an die Hand geben will, die positiven Seiten ihrer Sensibilität zu entdecken und somit ihr Leben besser zu meistern.

Jutta Nebel

Hochsensibel voll im Leben
*Das HSP-Arbeitsbuch*

**978-3-8434-0834-3**

240 Seiten, Paperback

Mit ihrem ersten Buch »Wenn du zu viel fühlst« hat die Autorin vielen Menschen Mut gemacht, ja ihnen zunächst erst einmal die Augen dafür geöffnet, was es heißt, eine »HSP«, eine hochsensible Persönlichkeit, zu sein: dass man aufgrund einer angeborenen physiologischen Disposition, die sinnliche Eindrücke sehr viel intensiver erleben lässt, nicht schlechter oder unfähig, sondern eben nur »anders« ist. Mit ihrem zweiten Buch möchte Jutta Nebel noch einen Schritt weitergehen und ihren Lesern – seien es nun hochsensible Personen selbst oder ihre Angehörigen, Freunde, Kollegen, Therapeuten – noch konkretere Tipps für den Alltag geben. Es ist ein (Selbst-) Verständnis-, Arbeits- und Übungsbuch, das an praktischen Beispielen zeigt, in welchen Situationen HSPs eher vorsichtig sein und vorbeugende Maßnahmen ergreifen sollten. Mit NLP und »The Work« von Byron Katie werden Techniken vorgestellt, mit deren Hilfe man lernen kann, seine negativen Erwartungshaltungen abzubauen bzw. negative Erlebnisse aus der Vergangenheit zu hinterfragen, zu verstehen – und loszulassen.